AF602588

J E S U S.

JÉSUS.

Lo nome di colui, che'n terra addusse
La verità che tanto ci sublima.

Dante.

FRAGMENT,

par

D. P. G. HUMBERT DE SUPERVILLE
(de la Haye, Département des Bouches de la Meuse.)

Imprimé aux dépens de l'Auteur,

*

à LEIDE,
Chez A. et J. HONKOOP.

De l'Imprimerie de J. Brill, à Leide.
1812.

AVERTISSEMENT.

Le Fragment qu'on va lire est un véritable Fragment. Il fait partie d'un Essai Dramatique, ou plutôt d'un Ouvrage plus étendu, portant le même titre, et que je voudrois donner en trois volumes. Les deux premiers contiendroient le Drame en entier, et un Discours servant de Note générale à la Pièce. Le troisième, consacré à une Description raisonnée des Tableaux empruntés du Drame, offriroit un Coup-d'Oeil sur les Arts du Dessin, comparés, dans leur emploi moral, avec la Poësie. Suivroit enfin un volume de planches in-Folio. Tous les matériaux sont préparés. Que si l'on me demande pourquoi j'en publie aujourd'hui séparément cet extrait? Je réponds, qu'en attendant la publication de tout l'ouvrage, je ne serai pas fâché de me faire connoître et juger par l'objet et le but de mes études. C'est donc, en quelque sorte, moi-même que je livre en jugement: je comparois moi-même en public; mais pour ne rencontrer que des juges compétens, je prie un chacun de commencer par lire d'abord la Préface destinée à être mise en tête de la Pièce entière. Cette Préface contient le principe d'où il faut partir pour asseoir toute critique raisonnable. En agir autrement, ce seroit ne pas me rendre une justice, à laquelle, je me crois en droit de pouvoir prétendre dans le Siècle où nous vivons.

Tout Exemplaire qui ne sera pas revêtu de ma signature, sera réputé contrefait.

PRÉFACE,

FAITE POUR ÊTRE PLACÉE EN TÊTE DE L'ESSAI DRAMATIQUE SUR LA MORT DE JÉSUS.

Rempli d'une admiration profonde pour le Personnage auguste et extraordinaire, dont la Judée méconnut si indignement les sublimes vertus, j'ai osé tracer un si beau caractère, en fesant de la mort de ce Juste persécuté la Catastrophe d'un Essai Dramatique. JÉSUS, le divin JÉSUS, tombé dans le malheur, non pour expier des fautes ou des faiblesses; non par ignorance ou par lâcheté; mais par un concours inévitable de circonſtances environnantes: dans l'impossibilité morale de se soustraire à la haine, à la persécution, à la rage de ses ennemis, et souffrant par respect pour un *Devoir reconnu*, JÉSUS, dis-je, dans un pareil état me semble réunir toutes les qualités qui constituent le Héros moral. C'est *l'Homme vertueux* des Stoïciens, *aux prises avec l'injustice de ses semblables, et la malignité du sort:* Ce sont ses vertus, ses travaux, ses souffrances, sa mort, qui nous présentent ce spectacle dont parle Sénèque: *Spectacle magnifique, et digne des Dieux!*

Et en effet, la nature souffrante, s'éléve dans JÉSUS, jusqu'au plus haut degré du sublime, en-tant que cette souffrance est une *non sujétion morale* aux lois du monde sensible ; un choix spontané du premier principe actif; un acte de la volonté. Le caractère de JÉSUS ne cesse un seul instant de conserver toute sa dignité, toute sa liberté. Ce n'est plus l'homme de la Nature; c'est l'homme élévé au dessus de toute nature, et dont le triomphe éclate jusques dans les fers, et entre les mains des bourreaux même. Voilà le HÉROS MORAL ! Le Héros digne d'être à lui-même son propre but et un exemple aux autres; digne enfin de briller éternellement sur la scène du monde. Tel je me suis représenté LE LÉGISLATEUR DES CHRÉTIENS, disons mieux, tel il doit paroître aux yeux de tout être pensant et moral; et c'est à de pareils êtres, MES LÉGITIMES JUGES, que je consacre ce faible ouvrage: *faible par l'exécution; grand par l'intention.* Je n'ambitionne aucun Titre littéraire; je voudrois mériter celui d'Homme; et cette plus haute qualité, JÉSUS me la montre dans tout son éclat. Devenu sous cet aspect doublement l'objet de mes études, c'est ce modèle, c'est ce JÉSUS que j'ai voulu peindre. J'ai choisi, j'ai pris dans les différens monumens qui nous restent de sa vie et de sa mort, tous les traits qui m'ont paru propres à remplir ce but. JÉSUS va nous offrir la vertu méconnue, opprimée, malheureuse, mais seule digne de toute notre admiration, de tout notre amour. Nous verrons le vice en apparence triomphant, mais odieux, mais haïssable. L'Aveuglement, la Superstition, la Fanatisme, l'Envie, l'Intolérance, le Despotisme-Théocratique, voilà, dans la personne des ennemis de JÉSUS tous les crimes réunis; toutes les erreurs honteuses de l'humanité rassemblées. JÉSUS sera tour-à-tour l'objet des différentes passions de ses amis et de ses persécuteurs. J'ai été fidèle au caractère de mes personnages, à quelques changemens près, que necessitoient indispensablement mon But, QUI EST, ET NE PEUT-ÊTRE QUE MORAL; et c'est en partant de ce même principe avec moi que l'on pourra juger des moyens que j'ai mis en oeuvre. L'histoire du Peuple Juif; celle du coeur humain sont les sources où j'ai puisé. Mais c'est dans la Doctrine même de JÉSUS, que j'ai trouvé la plus belle page de sa vie; et c'est elle qui nous annonce, comme dans chaque mot, son sublime sacrifice. C'est aussi de cette Doctrine, dans toute sa pureté simple et primitive, telle que mon ame la saisit, et telle que je la crois fermement *l'*HONNEUR *et la* CONSOLATION du Genre-Humain, que j'ai essayé de donner une idée dans les scènes, où j'introduis JÉSUS. Plusieurs personnes, cependant, ne manqueront pas de regarder comme opinions miennes quelques unes de celles que je mets dans la bouche de JÉSUS, ou croiront en reconnoître d'autres pour faire partie d'un système célèbre, ou du moins y faire allusion. Et quel auteur ne saisit pas l'occasion de se peindre lui-même par quelques traits caractéristiques dans la personne de son Héros, ou de ceux qu'il fait parler? Mais on ne pourra pas m'accuser d'avoir recherché ces pensées ou ces opinions sans que le sujet, ou la nécessité semble les avoir commandées: encore moins d'avoir altéré par là les traits de mon Héros. Je crois avoir conservé à JÉSUS ce caractère consacré par les écrits des anciens, et l'opinion de tant de siècles, s'entend AU MORAL; car pour ce qui regarde les Dogmes, j'ai élagué tout ce qui pût y avoir rapport. Mon BUT, et j'y reviens toujours, MON BUT EST, ET NE PEUT-ÊTRE QUE MORAL. J'ai voulu sillonner l'ame d'une profonde pensée morale; et, si j'avois réussi à faire une pareille impression: si JÉSUS offert en spectacle, pût devenir plus souvent le sujet de nos entretiens, et surtout de nos méditations, en nous repliant plus souvent sur *nous-mêmes*, je croirois avoir parlé un langage sacré; je croirois avoir bien merité de mes semblables; je croirois, enfin, avoir confessé dignement un NOM, qui nous rappelle constamment L'IMAGE DE TOUTES LES VERTUS!

❁

JÉSUS,

ESSAI DRAMATIQUE.

Πατηρ, εληλυθεν ἡ ὡρα........ εγω σε εδοξασα επι της γης· το εργον ἐτελειωσα ὁ δεδωκας μοι ινα ποιησω·......... νυν δε προς σε ερχομαι.—

Mon Pere l'heure est venue....... je vous ai glorifié sur la terre: j'ai achevé l'ouvrage dont vous m'aviez chargé...... maintenant je viens à vous —.

Evangile de S. Jean. XVII: 1, 4, 13.

PERSONNAGES

DU DRAME, QUI PAROISSENT DANS CE FRAGMENT.

JÉSUS. *Raison, vertu, devoir. Stoïcisme sensible.*

JUDAS. *Dérèglement des passions, remords. Fatalisme.*

JONATHAS. *Jeunesse, candeur, passions vives. Plante qui annonce les plus beaux fruits.*

Un Centenier et quelques soldats. Etres passifs.

La scène, durant ce second acte, est à Jérusalem, dans un souterrain du temple.

Je conserve parmi mes études les dessins pour les décorations, et pour le costume de tous les personnages, ainsi que les compositions au trait des tableaux les plus frappans que m'a paru présenter le drame. — Mon intention est d'en former un volume de planches in folio.

JÉSUS,

ESSAI DRAMATIQUE.

Le Théâtre représente une Prison souterraine et obscure. Un vase et une coupe sont placés sur une grande pierre.

Dans les scènes précédentes j'ai offert la conspiration des Juifs contre Jésus. Les motifs et les effets de leur injuste haine. Le caractère de Caïphas; celui de Judas: les remords, le repentir de ce dernier, et les moyens qu'il veut mettre en oeuvre pour sauver Jésus. Enfin ce JÉSUS *lui même persecuté, incarceré, condamné à mort et abandonné de tous les siens; et c'est dans cette derniere situation que j'introduis ici ce divin Personnage, alors que, méditant sur son saint ministère, et déplorant l'aveuglement de sa nation, il s'écrie avec l'expression noble de la vertu méconnue et opprimée:*

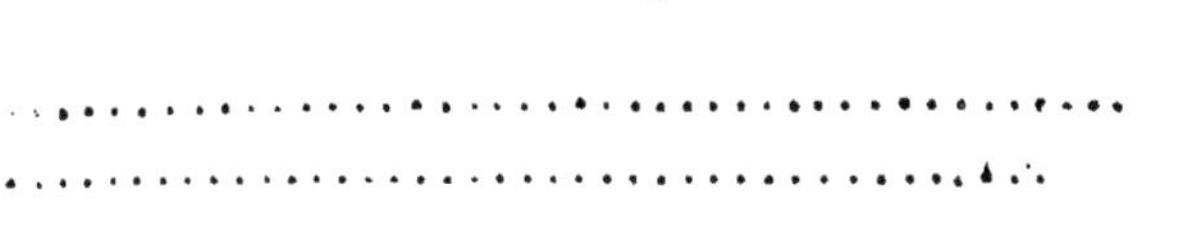

O ma Jérusalem! ô ville infortunée!
A quel aveuglement te vois-je abondonnée!

Tu méconnois le jour, le jour du repentir.
Le present a conçu les maux de l'avenir.
Déjà sur l'horison s'amoncelle l'orage,
Et ta perte, ô Sion, sera ton propre ouvrage.
Viendra, viendra ce temps où l'envie et l'orgueil,
Au dedans de tes murs creuseront le cercueil
Où se doit engloutir, et jusques à la trace,
Du séduit Israël la déplorable race.
C'est alors, ô Sion, qu'un superbe vainqueur,
Barbare malgré lui, comblera ton malheur;
Que tu verras de morts tes campagnes couvertes,
Et ton temple détruit, et tes maisons désertes.
Détournes ces horreurs!....
Ah! si tu connoissois
Ce qui te reste encor pour obtenir la paix!...
Mais tu fermes les yeux, tu bouches les oreilles,
Tu dis que ton Dieu dort, et c'est toi qui sommeilles;
C'est toi, qui de ce Dieu detournes tes regards:
C'est toi, qu'un voile épais couvre de toutes parts:
Ne dis plus, ô Sion! „Je cherche la lumiere,
„ Mais l'Eternel mon Dieu rejette ma prière!"
Il t'appeloit ce Dieu..... je repetois sa voix.
O ma Jérusalem! combien, combien de fois
Au milieu de ton peuple, et jusque dans ton temple,
D'un retour sur toi même ai-je donné l'exemple?
Combien, combien de fois, alors qu'il étoit temps

Ai-je voulu, Sion, rassembler tes enfans.
L'oiseau, sur ces petits lorsqu'il étend ses aîles,
En fait-il plus que moi? — que dis-je, Enfans rebelles!
J'ai veillé nuit et jour. Vos malheurs sont les miens.
Mes larmes ont coulé sur mes concitoyens;
Et vous cherchez ma mort!... aveuglés que vous êtes!
Sion hait ses amis et tue ses prophètes.
Le supplice est le prix du mortel courageux
Qui la plaint, la chérit et veut ouvrir ses yeux.
Ma voix lui fait horreur; la verité la blesse:
Et mon sang doit venger la ville pécheresse!
Ah! fut-ce le dernier qu'elle vit répandu!

(*après quelques instans de silence, Jésus reprend:*)

Mon ouvrage, grand Dieu! sera-t-il donc perdu?
Restera-t-il sans fruit?... Serviteur inutile,
Me suis-je consumé dans un travail stérile?
Verrai-je évanouir mon espoir le plus cher
Comme un souffle subtil qui se dissipe en l'air?
Verrai-je de mes pas les traces effacées?
Pourquoi me tourmenter dans ces vastes pensées?
Pourquoi? me suis-je dit.... Une voix me répond:
„ Ce que l'homme a planté, le ciel le rend fecond.
„ Plein d'une sainte ardeur poursuis ton ministère.
„ Mortel! je t'ai nommé prêtre du sanctuaire:
„ De l'oracle de Dieu que l'homme porte en soi,

„ Les arrêts émanés sont ta force et ta loi.
„ Obéis, marche au but, sans tourner en arrière:
„ Lutte, surmonte tout, et fournis ta carrière:
„ La mort révélera de sublimes secrets."

Oui, je t'entends, ô voix! tu ne trompes jamais:
Toi même dans mon sein fais germer l'esperance:
Loin, au delà des temps, ma pensée s'élance:
Des siècles passeront, mais il viendra le jour,
Où, l'homme vers son Dieu, signalant son retour,
Foulera triomphant des erreurs déplorables,
Et bénira l'amour que j'eus pour mes semblables.
Alors, alors mortels, par vos propres vertus
Jugez de mes travaux et connoissez Jésus;
Et, votre intérieur expliquant mon langage,
Osez, osez encor consommer mon ouvrage.

(Ici Jésus se livre à une profonde méditation, puis il s'écrie:)

Et vous! dans tous les temps, qui, pleins de mon esprit,
Chérirez les mortels.... mon ame vous bénit!
J'approuve vos travaux, vos efforts salutaires;
Oui, vous êtes les miens: oui, vous êtes mes frères!....

JUDAS *(avec un cri, s'élançant sur la scène.)*

Jesus! Jésus!

(s'arrêtant tout-à-coup comme foudroyé par la majesté de Jésus.)

Qui vois-je?.... est-il homme.... est-il Dieu!

JÉSUS *(qui a reconnu Judas, d'une voix ferme, mais avec humanité.)*

Qui trouble ces momens?

JUDAS *(toujours confondu.)*

Seigneur!

JÉSUS.

Toi, dans ce lieu.

Qu'y cherches-tu?

JUDAS.

Je viens.... ciel! quel abime immense
Me sépare..... ah!.... qui peut soutenir sa présence!
N'entends-je pas sa voix?... ne crie-t-elle pas:
„ Monstre impur jusqu'ici tu porteras tes pas.
„ Orgueil crève à ses pieds."

JÉSUS.

Quelle force t'arrête?

JUDAS.

Le glaive du seigneur suspendu sur ma tête,
Le gouffre sous mes pieds.

JÉSUS *(avec dignité lui tendant la main.)*

Tends-moi la main.

JUDAS.

Qui! moi?....

Toucher... souiller.... non, non... suis-je connu de toi?

(*avec un cri perçant, reculant de quelques pas en arrière.*)

Je suis..... je suis Judas!

JÉSUS.

Seul, dans ce lieu funeste

Qui peut t'avoir conduit?

JUDAS.

La vengeance céleste.

Le trouble de ce coeur, la haine des tyrans;

Une force invincible; un enfer de tourmens:

Mille et mille aiguillons... le bras de Dieu peut-être,

Qui partout me poursuit.....

JÉSUS.

De tes sens sois plus maître.

Approche infortuné.

JUDAS.

Quel lien entre nous?

Quelle paix?

JÉSUS.

Cette paix qui doit nous unir tous.

Qu'as tu fait de la tienne?

JUDAS.

En est-il pour l'impie?

JÉSUS.

O trois fois malheureux! Judas, Judas, expie
Ce mépris de toi-même, oui viens, reviens à toi.

JUDAS.

Pour qui fais-tu des voeux?

JÉSUS.

Et qu'attends-tu de moi?

JUDAS.

Rien. Qu'étaler ici mes remords et mon crime.
Te sauver, te venger et périr ta victime.
Oui, m'immoler pour toi... pour toi, pour toi Seigneur!

(*Jésus le regarde avec compassion.*)

Mais non, tu me maudis!

JÉSUS.

Qui renverse ce coeur?

JUDAS.

Toi seul, toi seul, Seigneur!... reconnois ton ouvrage.
Quel autre l'auroit fait?

JÉSUS.

Explique ce langage.

JUDAS.

Ta bouche, ton regard pleins du souffle d'un Dieu,
Allument sur ce front mille charbons de feu;
Horrible est le tourment .... non jamais créature
Ici bas n'endura le tourment que j'endure ....

(*s'élançant aux pieds de Jésus*)

Tu triomphes Jésus! ..... ô mon Maitre! ô mon Roi!
Grace, grace! pardon! ....

(*Jésus le veut relever.*)

Que fais-tu?

JÉSUS.

Lève toi.

JUDAS.

Me lever! moi?... non, non... maudis, maudis l'hommage
D'un monstre tel que moi .... mais contemple l'ouvrage
De ta haute vertu. L'inflexible Judas
Est aux pieds de Jésus, et vient t'offrir son bras;
Ce bras, qu'arme pour toi l'Eternelle Justice,
Vient t'arracher, Seigneur, à la mort, au supplice;
Te venger.

JÉSUS.

Me venger! et de qui?

JUDAS.

De tes persécuteurs.
Et prévenir sur eux le comble des horreurs.

JÉSUS.

Quoi! toujours emporté de l'un à l'autre extrême,
Un instant te verras ......

JUDAS.

Judas, toujours le même,
Ne peut changer, haïr, ni vouloir à demi.
Au seul nom de Jésus mille fois j'ai fremi:

Mais le mortel, Seigneur, qui fait rougir le crime,
Et force son tribut, est un mortel sublime.
Tu l'as fait .... tu l'as fait! ....

JÉSUS.

Modère ces transports

JUDAS.

Oui, je le sais, Seigneur, tu maudis mes remords.

JÉSUS.

Non, je te dis, Judas, viens, rachète ton ame.

JUDAS. (*se levant tout-à-coup.*)

A quel prix? .... des pécheurs tu vois le plus infâme.
Mon crime efface tous, et même de Caïn
Blanchit à l'oeil de Dieu la fratricide main.
Du premier né-d'Adam la dextre sanguinaire,
En se plongeant, seigneur, dans le sein de son frère,
Jalouse en sa fureur de servir l'Éternel,
Donna l'exemple affreux d'ensanglanter l'autel:
Mais il n'immola point dans l'excès de sa rage
Des sublimes vertus la plus parfaite image;
Et la terre après tout ne but qu'un sang obscur.
Mais moi, plus que Caïn, monstre cruel, impur,
Barbare avec lenteur, une froide furie
Me soufla dans le sein d'attenter à ta vie;
D'immoler l'innocence à mon ambition:
D'arborer l'étendard de la réligion:
D'employer et le masque et le venin des prêtres.

Pour servir ma grandeur je m'unis à ces traitres.
Je te persecutai, sacrifiant en toi,
Le seul, qui, quelque jour put me faire la loi.
Par cette Majesté qui partout t'environne;
Par ce regard divin qui punit et pardonne;
Toi seul, au fier Judas, dans ses vastes desseins,
Plus qu'Hérode et nos Chefs, et plus que les Romains,
Redoutable à ses yeux, devins seul redoutable.
Voilà de mes fureurs le secret exécrable:
Voilà quel est Judas dechiré de remords,
Et près de s'engloutir dans le séjour des morts.
Mais avant d'augmenter le nombre des victimes,
Que l'enfer punit moins que l'horreur de leurs crimes;
Avant, que sur ma tête un déluge de feu
Expie mon forfait au tribunal d'un Dieu;
Avant ......

JÉSUS.

Judas arrête, et respecte ton ame.

JUDAS.

C'est ta fureur sur moi, Jésus! que je réclame.
Et non pas ta pitié.

JÉSUS.

Tu t'oublies Judas.
Reviens, reviens à toi.

JUDAS.

Ciel! ces affreux combats,

Ce crime sur mon ame exerçant son empire,
Et ces tourmens d'un coeur que le remords déchire,
Ils te sont inconnus .....

JÉSUS. (*après une petite pause.*)

Mortel infortuné!
Le dira-t-on de toi: mieux qu'il ne fût point né.
Le néant s'ouvre-t-il, et crie-t-il: Redonne! ...
A quel affreux penser mon ame s'abandonne?
Laisse, laisse Judas, va-t-en, quitte ces lieux.

JUDAS.

Devant ton saint aspect que je sois odieux!
Je le sais .... je le suis .... Le crime à l'innocence
Depuis quand ose-t-il parler d'intelligence!
Mais qu'il la venge au moins.

JÉSUS.

Laisse moi.

JUDAS.

Non, Seigneur!
Que le premier de tous j'éprouve ta fureur!

JÉSUS.

A qui crois-tu parler?

JUDAS.

Au Maître de la terre
A mon Juge, à mon Roi.

JÉSUS.

Tu parles à ton frère.

Qui te tendoit les bras comme à tout Israël,
Et ne méritoit point ce traitement cruel;
Qui, condamné par eux à l'infâme supplice,
Ici, se préparoit à souffrir l'injustice,
Et tu viens me troubler ....

JUDAS.

Pour combler mes forfaits
Viens-je encor profaner l'asyle de la paix!
Porté-je dans ton sein mon trouble sacrilège!
Ah! courrons étouffer le monstre qui t'assiège!
Mais viens jouir, Seigneur, de mes derniers instans.
Qu'un peuple soulevé t'immole ses tyrans:
Et, que Jérusalem lançant leur anathême,
Par ma mourante main t'offre le Diadême.

(à ces mots Jésus lève les yeux et les mains au ciel.)

Oui,
Régne, régne, Seigneur! .... sois ce Roi d'Israël
A nos pères promis au nom de l'Éternel:
Sois le Christ pardonnant à la cité perfide:
Retiens, déjà tout prêt à punir l'homicide,
Le bras d'un Dieu vengeur sur ce peuple étendu,
Sois son Libérateur .... qu'à tes amis rendu,
Marchant au milieu d'eux, Jérusalem contemple
Son Roi, fils de David, couronné dans son temple,
Et de là devenir son plus ferme rempart ....

Oui, le salut des juifs sera dans ton regard.
La bonté, l'équité les soutiens de ton trône:
La troupe des vertus orneront ta couronne:
De nos frères captifs tu briseras les fers;
Et ta voix, entendue aux bouts de l'Univers,
Dans les coeurs avilis ira porter la joie.
L'Aquilon étonné te lâchera sa proie:
Et les Rois du midi de gloire revêtus,
Viendront jusqu'à tes pieds adorer tes vertus.

(*Il regarde Jésus, qui detourne la tête.*)

Mais tu ne m'entends point; tu detournes la vue:
Je ne le vois que trop, l'heure horrible est venue,
Où, pour perdre Sion, tu veux subir la mort.
Tu sais, que son destin dépendant de ton sort,
L'heure même, où ton sang inondera la terre,
Les vapeurs de ce sang formeront le tonnerre,
Qui, sous la main de Dieu, doit nous écraser tous!
Eh bien! Eh bien! Seigneur, triomphe en ton courroux!
Car, enfin dans ton ame il est trop legitime.
Mais la haine après tout est elle si sublime?
Est-elle une vertu? .... Tu le veux .... elle l'est!
Rien ne peut l'ébranler .... Israël c'en est fait!
Ton Saint est sourd pour toi .... ton Saint ferme l'oreille.
O Vertus! ô courage! ô vengeance! ô merveille!
Quel démon te soutient? .... chargé d'indignes fers,
Tu sembles libre encor et Roi de l'univers.

Dis nous, quand nos Tyrans sur toi courbent ces voutes,
Pour sortir de ces lieux connois-tu d'autres routes?
A travers les débris du temple foudroyé,
L'as-tu vu ce chemin que Dieu t'aura frayé?
Son Ange plane-t-il au dessus de ta tête?
Es-tu le roc bravant les flots et la tempête?
Insensible aux tourmens, as-tu le corps de fer?
Ou signas-tu jadis un pacte avec l'enfer?
Et la main de la mort, pour toi seul, impuissante,
Porte-t-elle à nous seuls l'horreur et l'épouvante?
Ou, dédaignant enfin nos voeux et nos efforts,
Et maudissant ici mes trop tardifs remords,
Veux-tu triompher seul?

JÉSUS.

(*Qui durant cette apostrophe passionnée de Judas, a temoigné une compassion noble et philosophique, reprend tout de suite après ces mots :* veux tu triompher seul :)

Oui, je veux triompher.
Mais je veux qu'avec moi tous mes amis triomphent.
Et toi même avec nous.

(*Judas étonné. Jésus continue.*)

Ce discours te surprend.
Heureux, trois fois heureux, Judas qui le comprend,
Et qui par ce triomphe a couronné sa vie.

Ce

Ce langage est obsur à ton ame obscurcie,
A toi, qui dès longtemps par le monde emporté,
As cru trouver ta gloire et ta félicité
Dans le triste appareil de nos grandeurs mondaines.
Ah! qui ne voit, Judas, combien elles sont vaines!
Combien, les possédant, au dessous des souhaits;
Et quel vuide en nos coeurs elles laissent après,
Lors même qu'on les tient par voie légitime!
Ah! si donc, ô fureur! sur le chemin du crime
Il les faut rencontrer, s'il faut, pour les saisir,
Oublier son devoir, l'étouffer, le trahir;
Si de l'ambition la tyrannique flamme ......

JUDAS. (*interrompant Jésus avec un cri de transport.*)

La voilà, la voilà! qui fit ramper mon ame!
Oui, c'est l'ambition qui m'arma contre toi.
Elle est enfin l'enfer qui te venge de moi:
Cet enfer est ici .... dans ce sein .... qu'il déchire....

JÉSUS.

Ecoute, s'il se peut, ce que je vais te dire:
Et sois calme un instant.

JUDAS.

Parle, parle, Seigneur!
Ta parole déjà triomphe dans mon coeur.
Porte les derniers coups.

JÉSUS.

Fasse qu'il soit sincère
Ce remords, ô Judas! .... mais suffit-il d'en faire
Par des cris, par des pleurs, devant moi, dans ce lieu,
L'effroyable récit, et le stérile aveu!
Et, comment au travers de ces larmes de rage,
Distinguer du remords le véritable ouvrage!
Ah! redoute, redoute un premier mouvement:
Pour y persévérer il est trop violent:
Je voudrois me tromper; mais j'y crois reconnaître
Quelqu'un qui de ses sens ne fut jamais le maître:
Qui fut leur vil esclave, et jamais de son coeur
Ne sonda jusqu'ici l'horrible profondeur.
Et puis, peux tu penser que l'esprit de vengeance,
Encor, que sous le nom de servir l'innocence,
De faire face au crime, ou de le réprimer,
S'accorde avec l'esprit qui nous doit animer,
Alors, que dans nos coeurs, enfin, se fait entendre
Cette voix, que souvent l'on feint ne pas comprendre,
Mais qui, bientôt plus forte, et répétant ses cris,
Tonne enfin au dedans de nos coeurs endurcis.
Quel est alors l'état d'une ame bourrelée?
D'une ame de l'abîme au salut rappelée?
Quel est alors l'esprit qui la doit embraser?
On le sent cet état; mais qui peut l'exposer?
Et tu crois que ton coeur pour laver sa souillure,

Pour vaincre ses penchans, pour dompter la nature,
Commence bien alors, quand encore il nourrit
Tous ces mêmes penchans que la bouche maudit.
Envain prétendrois-tu, qu'embrassant la justice,
Tu nourris ces penchans pour détester le vice;
Pour servir la vertu. Fatale illusion!
Et déplorable effet de la corruption,
Qui, jusque dans le bien corrompant les maximes,
De noms si spécieux sait colorer les crimes.
Ecoute mieux Judas! Ton penchant combattu,
Voilà le prémier pas pour servir la vertu.
Sur le crime, à quoi sert de lancer l'anathême?
Il sera, tôt ou tard, son supplice à lui-même.
Laissons à l'innocence un triomphe plus beau:
Le vice et la vertu sortiront du tombeau.

(*Jésus fixe Judas avec attention et avec le plus vif intérêt. Judas est de plus en plus confondu. Jésus continue:*)

Dans quel sombre penser ma parole te jette!
Ce regard, ce soupir seroient-ils l'interprête
De ce coeur déchiré qui veut, et ne peut pas?
De ce moment cruel? Ah! Judas! ah! Judas!
Si vraiment détrompé d'un long rêve funeste,
Une secrète horreur est tout ce qui t'en reste;
Si, libre enfin du joug qui la pût avilir,

Ton ame dégagée éprouve ce desir,
Ce besoin d'un objet seul grand, seul digne d'elle,
Eh bien! entends la voix qui dès longtems t'appelle:
Ne la méconnois plus. Athlète libre et fier,
Combats le dur combat; brise ton joug de fer:
A vaincre tes penchans mets désormais ta gloire:
Ose aspirer aux fruits de si belle victoire;
Et, si marchant au but sans te lasser jamais,
Tu la trouves enfin la bienheureuse paix;
Dans le calme des sens, si l'erreur passagère
Te revient à l'esprit, retiré, solitaire,
Pense alors à Jésus, et rends grace à ton Dieu,
D'avoir trouvé la vie en ce funeste lieu!

(*Judas reste encore muet et confondu. Jésus levant les yeux et les mains au ciel, dit avec un saint transport.*)

„ Et moi, je te bénis, grand Dieu! que dans cette heure,
„ De ce séjour de mort, j'ai créé ta demeure.
„ Que ta voix, par ma voix, au malheureux Judas
„ Ait dit: Infortuné, ne désespères pas:
„ Le Dieu, le même Dieu, que j'ai nommé mon Père,
„ Sera ton Dieu Judas.... et Jésus est ton frère!"
Embrasse moi .....

(*à ces mots de Jésus :* embrasse moi, *Judas s'élance, non dans les bras que lui tend Jésus, mais à ses pieds, et comme en rampant par terre pour s'y cacher s'il étoit possible: enfin, d'une voix terrible et entrecoupée, il laisse échapper ces mots :*

Seigneur! seigneur, seigneur!......
Arrête!.. c'en est trop!.. homme!.. qui?.. moi?.. non.. non!
Je suis un monstre impur!... grace, grace, pardon!....
J'ai pu persécuter!...... où me cacher?.... arrête!
O terre engloutis moi!.. foudre écrase ma tête!...

(*Ici succède un instant de silence. Jésus veut relever Judas, mais celui reste prosterné devant lui, se cachant la figure de ses deux mains.*)

(*Tout-à coup on entend un bruit confus de plusieurs voix entremelées:*)

Sur nous, sur nos enfans!
Que son sang soit sur nous!

JUDAS. (*Se relevant tout d'un coup.*)

Dieu! quels lugubres cris!

(*De nouveau derrière la scène.*)

A la mort! Crucifie!

(*Judas reste comme immobile entre l'agitation et l'horreur.*)

JÉSUS. (*Qui n'a pas cessé de conserver toute sa tranquilité d'ame, dit avec une sensibilité noble et ferme.*)

C'est pour moi, tu l'entends: on demande ma vie.

JUDAS. (*Courant vers l'entrée de la prison.*)

Non, tu ne mourras point!

JÉSUS.

Ne dois-je pas souffrir?

JUDAS. (*se retournant, et levant le bras droit au ciel.*)

Grand Dieu! le permets-tu?.... ton Juste va périr!
Fortifie ce bras.... Arme moi de ton glaive!
Préviens ce sacrifice!

JÉSUS.

O grand Dieu! qu'il s'achève,
Si tel est mon devoir!

JUDAS.

Quel devoir! quel devoir!
Ton Dieu te livre-t-il à l'injuste pouvoir?
Dieu le veut-il ton sang?.... est-il tigre?... que dis-je?

(*Ici Judas se rejette aux genoux de Jésus, lui prend la main; la presse, la quitte; la reprend encore, et jette de temps en temps ses yeux sur Jésus avec toute l'expression du trouble qui l'agite; puis il s'écrie:*)

Dévoile ces horreurs!... ô miracle! ô prodige!
Rocher inébranlable!

(Il se leve précipitamment et lâche la main à Jésus.)

Es-tu plus que mortel?

(Il recule deux et trois pas en arrière.)

Es-tu?

(En s'échappant, et jetant un dernier regard sur Jésus (et quel regard!) il s'écrie:)

Tu l'es.... tu l'es le FILS DE L'ÉTERNEL!

JÉSUS. *(seul.)*

Sauve ton ame, Ami!.... Juste Dieu! quel mélange!
Quel trésor dans ce sein se cache sous la fange!
Ah! pourquoi, malheureux, le laisser enfoui!
T'échappe-t-il encor par le monde ébloui?
Ou, pour te racheter, dédaignant son usage,
Préfères-tu la mort pour sortir d'esclavage?
Mais connois-tu la Mort? Parla-t-elle à ton coeur?
Son pouvoir s'étend-il jusques au ver rongeur?
Te l'a-t-elle promis?.... grand Dieu! de quelle idée
Mon ame, en cet instant, est-elle possédée!

Infortuné Judas! de quelle obscurité
Tu couvres à mes yeux l'immense éternité!
Qui me dévoilera ce ténébreux mystère?
Qu'est-ce l'homme à la mort? un faible ver de terre?
Qui rentre dans le sein de l'éternelle nuit:
Qui s'endort d'un sommeil qu'aucun réveil ne suit;
Un peu de boue enfin qui retourne à la boue?
Est-il donc un hazard qui de l'homme se joue?
Tout l'homme finit-il s'il finit ici bas:
Et tout se dissout-il à l'heure du trépas?
Ses erreurs avec lui s'anéantissent-elles?

Ecarte, ô sombre Mort! pour un instant tes ailes!
L'abîme en est couvert où tout vient s'engouffrer:
Sous leur ombre aujourd'hui laisse moi pénétrer!

Que dis-je pénétrer!.. ô mortel! je t'outrage.
L'infortuné Judas m'arrachoit ce langage.
Un horrible penser que je crains d'écouter,
Ne laissoit à mon coeur que l'espoir de douter,
Mortel! reprends tes droits... mais sans juger un autre;
Laisse son avenir, et viens juger du vôtre (*):
Tu le peux..... tu le dois.......

(*) *Vôtre* pour *rien!* me pardonnera-t-on une pareille licence en faveur de la pensée qui exigeoit cette rime? j'en appelle au sentiment.

(Une assez longue pause, durant laquelle Jésus reste plongé dans une profonde méditation, puis on entend de nouveau un bruit confus de différentes voix.)

(Jésus se tournant du coté d'où vient le bruit :)

O peuple furieux!
Mais qui m'est toujours cher!... viens repaître tes yeux
Du spectacle sanglant qu'apprête le Calvaire.
Nouveaux fils de Jacob, sacrifiant leur frère,
Que tardez-vous encor?.... metez sur moi la main!

(Avec sensibilité.)

Ah! Joseph retrouva son ami Benjamin!
Ses frères répentis eurent part à sa gloire:
Mais ce peuple aveuglé maudira ma mémoire.

(petite pause.)

Et Vous! que j'appelai du nom sacré d'amis!
Qui partagiez mon sort: à qui j'avois remis
Le soin de travailler à l'oeuvre commencée,
Déjà, vous vacillez.... déjà, votre pensée
Se porte vers ces temps où je ne serai plus:
Trace à vos yeux de chair l'opprobre de Jésus;
Et, rougissant d'un nom que l'on déclare infâme,
Entre le siècle et moi fait balancer votre ame!
Que dis-je, balancer!.... dans ce funeste jour,

Mes travaux et mes soins, le devoir et l'amour,
Emportés pàr le poids de terrestre puissance,
Ont à peine un instant compté dans la balance.
Ah! d'un zêle fougueux passagers mouvemens!
Que sont-ils devenus ces voeux et ces sermens,
Toi, Céphas, qui voulois périr avec ton maître?
C'est toi, qui, le prémier m'a renié peut-être.
Plus de calme et de paix bravent l'adversité:
Le coeur présomptueux n'a point de fermeté;
Au prémier coup du sort la force l'abandonne.
Voilà vos coeurs, amis!... mais le mien vous pardonne.
Faibles, mais non méchans, au terrestre pouvoir
Vous avez fait céder l'amitié, le devoir.
Aux sens encor soumis, ma mort vous épouvante,
Et contre ses horreurs la chair est impuissante:
Je vous pardonne amis!...... Céphas, Nathanaël!
Et vous tous, recevez mon salut éternel!
J'ai beaucoup fait pour vous, et mon Dieu que j'atteste;
Puisse-t-il en vos coeurs achever ce qui reste:
Je suis quitte envers vous!......

(*Pause.*)

Mais toi, que j'ai formé;
Dont j'ai conduit les pas: toi, que j'ai tant aimé!
Toi, dont les sens plus purs et l'ame plus sublime
Rendoient de l'amitié le choix si legitime;
Toi Jonathas, aussi, renies-tu Jésus!

Et ton sensible coeur ne me connoît-il plus!
Des amis que j'avois, oui, j'ai pleuré la perte.
Mais un seul à l'espoir tenoit mon ame ouverte:
Je croyois, je disois: „ Du moins à mon trépas:
„ Abandonné de tous, il reste Jonathas.
„ C'est lui, que je verrai près de la croix sanglante,
„ Recueillir les accens de ma lèvre expirante:
„ C'est lui, que, sur le point d'exhaler mes esprits,
„ Une dernière fois j'appellerai MON FILS!
„ Et qui, dans ce seul mot, voyant mon ame entière,
„ Y lira d'un ami la volonté dernière!"
Me suis-je donc trompé?.... Jonathas! Jonathas!

(*Au moment, que d'une voix haute, mais mêlée d'un reproche affectueux, Jésus prononce ce dernier vers,* JONATHAS (*qui est arrivé à la porte de la prison*) *s'élance au cou de son maître, et s'écrie:*)

Jonathas! Jonathas! le voici dans vos bras!
O mon Père! ô Jesus!

(*Il se jette aux pieds de Jésus.*)

JÉSUS.

Ami, que viens-tu faire?

JONATHAS. (*à genoux.*)

Je viens ... je veux la mort! ... ô mon Maître! ô mon Père!

JÉSUS, *se baissant pour le relever.*

Jonathas, ah! mon fils!

JONATHAS. (*à genoux, et tenant fortement embrassés ceux de Jésus.*)

O mon Dieu!

JÉSUS.

Quel transport!

JONATHAS. (*à genoux.*)

A vos genoux, Seigneur, je demande la mort!

JÉSUS.

Calme-toi, je t'entends, oui, la voici cette heure,
Cette heure du départ.

JONATHAS. (*à genoux.*)

Ah! qu'avec vous je meure!
Je vous perds pour jamais!

JÉSUS.

Et veux-tu dans ce jour,
Que mon espoir aussi se perde sans retour?
Qu'avec toi, par ta mort, mon oeuvre encor périsse?

JONATHAS. (*à genoux.*)

O tourment!

JÉSUS.

Lève toi.

JONATHAS. (*à genoux.*)

La mort!

JÉSUS.

Mais ce calice
Que l'on m'a préparé, que je prendrai mon Fils,
Le peux-tu boire?....

JONATHAS (*avec enthousiasme, en se levant tout d'un coup.*)

Oui, ... oui, Seigneur, je le puis!

JÉSUS.

Sache qu'il est amer.

JONATHAS.

Et jusques à la lie
Je pourrai l'avaler.

JÉSUS.

Toi!

JONATHAS.

Je la hais la vie
S'il la faut respirer sans vous .... oui, Jonathas
Sans vous n'existe plus.

JÉSUS.

Tu cours donc au trépas.

JONATHAS.

Oui, mille fois plutôt qu'un instant vous survivre.

JÉSUS.

Quel fruit en attends-tu?

JONATHAS.

Le fruit qui me délivre
De l'horreur de ce jour. Ah! que dis-je, ah! Jésus!
Ah! peut-être déjà .... non, non, je ne vis plus
Sans vous, sans vous!

JÉSUS.

Mon Fils, quitte ce lieu funeste.

JONATHAS.

Vous quitter!....

JÉSUS.

Te sauver.

JONATHAS.

Mais vous même...

JÉSUS.

Je reste.
Car tel est mon devoir. Viens, reçois mes adieux,
Que je t'embrasse encor, et puis quitte ces lieux.

JONATHAS.

Où sont-ils vos bourreaux?

JÉSUS.

Mon Fils, que veux-tu dire?

JONATHAS.

Qu'ils viennent! qu'avec vous, à vos côtés j'expire!

JÉSUS.

Et quand tu seras mort; que même cette main
T'aura fermé les yeux ....

JONATHAS.

O barbare destin!

JÉSUS.

Mon Fils, ô mon cher Fils, rends-moi mon espérance!

JONATHAS.

Est-ce de votre fils que l'amour vous offense?

JÉSUS.

Et quelle preuve enfin prétends-tu m'en donner?

JONATHAS.

Jusqu'à la mort jamais ne vous abandonner;
Au delà si je puis ....

JÉSUS.

Ah! preuve trop cruelle!
Et puis ce temps, mon Fils, d'union éternelle
N'est point encor venu .... C'est envain Jonathas,
Que tu prétends ne plus t'arracher de mes bras:
L'ami jusqu'à la tombe accompagne son frère;
Il s'y plonge avec lui: c'est tout ce qu'il peut faire:
Il est un autre Ami, qui, dans un meilleur lieu....

JONATHAS. (*avec vivacité*)

Mon Père! et cet ami!......

JÉSUS.

Cet Ami, c'est mon Dieu;
Il m'attend, je le vois, il m'offre la couronne.

JONATHAS.

Et quel ami! Dieu! Dieu!.... ce Dieu vous abandonne!

Il la voit, la permet, la souffre votre mort!
Il ne vous aime point....

JÉSUS.

Modère ce transport!
Ta passion, mon Fils, et t'aveugle et t'égare.
Il est juste ce Dieu.

JONATHAS.

Ah! justice barbare!
Que s'il est votre Ami, n'est-il donc point ému? ....
Il nous voit, et son coeur ....

JÉSUS.

Mon Fils! qu'ai-je entendu?
Je te plains .... La douleur t'arrache ce blasphême.
Ce Dieu, ce Dieu nous voit, nous entend, et nous aime.
Si je souffre aujourd'hui c'est pour mon propre bien:
Oui, c'est pour mon salut .... c'est encor pour le tien
Si tu veux m'imiter ....

JONATHAS.

Et le puis-je mieux faire
Qu'en mourant avec vous! ....

JÉSUS.

Tu vivras pour ton père.
Tu feras tout le bien qui dépendra de toi;
J'ose ajouter encor, deviens digne de moi;
Digne du rang auguste, où le devoir t'appelle:
Voilà de ton amour la preuve la plus belle.

De

De tous les miens, voilà, quels sont les sentimens.
Tu vivras ....

JONATHAS.

Et parmi des tyrans!

JÉSUS.

Quels tyrans?

JONATHAS.

Nos Prêtres et nos Chefs, la Nation inique
Qui s'arme contre vous.

JÉSUS.

À la haine publique
Oppose tes vertus, oppose ta douceur,
Et tu seras heureux dans le sein du malheur.

JONATHAS.

Impossible, impossible elle est cette constance!
Impossible sans vous!

JÉSUS.

Elle est en ta puissance.
Fais un effort, mon Fils, va, crée toi ta paix:
Tu m'as vu jusqu'ici ne la perdre jamais.
N'oses-tu m'imiter? ....

JONATHAS.

Dans cette heure terrible,
Cet effort sur moi-même, ô ciel! est impossible.
Ayez pitié de moi!

JÉSUS.

N'en ai-je point, mon Fils!
Mais dois-je abandonner ainsi tous nos amis?
C'est toi, qui, dès ce jour, dois occuper ma place.

JONATHAS.

Qui moi? mon Père!

JÉSUS.

Oui, toi.

JONATHAS.

Que faut-il que je fasse?

JÉSUS.

Travailler pour le bien, et par mille vertus,
Dans toi, dans tous les miens, faire bénir Jésus.

JONATHAS.

Le pourrai-je! et comment?

JÉSUS.

J'ai semé la semence,
Tu la dois cultiver.

JONATHAS.

Et quelle récompense
En avez vous reçu? nos maux vous sont témoins
Du prix de vos bienfaits, et des fruits de vos soins.

JÉSUS.

Et comptes-tu pour rien le sentiment intime
d'avoir fait mon devoir?

JONATHAS.

Pour qui?... pour des ingrats!

JÉSUS.

L'oeuvre en est plus sublime.
Consacre à ces travaux et les jours et les nuits:
Le vigneron zélé recueillira des fruits.

JONATHAS.

Hélas! des fruits amers!

JÉSUS.

Et quand même la vigne
De tes soins pour un temps te paroîtroit indigne,
Redouble tes travaux, et changés en douceur
Ces mêmes fruits, un jour, réjouïront ton coeur.
Il la faut corriger, la guider la nature,
Et son sein remué nous paie avec usure.
Va, sème le matin, ne cesse pas le soir,
Car tu ne sais lequel doit combler ton espoir;
Et si c'est tous les deux? O douce récompense!
D'un peu plus de travail, d'un peu de diligence.

(*Il regarde Jonathas avec intérêt.*)

La mort vient aujourd'hui traverser mes desseins,
Mais je remets, mon Fils, mon oeuvre entre tes mains:
Sois digne d'hériter la vigne de mon Père.

JONATHAS.

Et que pourrai-je seul dans cette ingrate terre?

JÉSUS.

Ne te l'ai-je pas dit, ô mon cher Jonathas?
A force de bienfaits venge toi des ingrats.

Le fruit, mieux cultivé, plus doux pourra renaître.

JONATHAS.

Les cruels, cependant, tuent le Fils du Maître!

JÉSUS.

Dans la chair, dans le sang, ce peuple enseveli,
Met le bien qu'on lui fait dans un coupable oubli:
Je le sais. Mais peut-il bénir mon ministère?
On lui fait étouffer le sacré caractère,
Qui seul, lui peut apprendre à connaître ma voix.

JONATHAS.

Ne la, connaître pas! .... Ah! mille et mille fois!
Ne fus-je pas témoin, que, les nommant vos frères,
Vous avez soulagé leurs maux et leurs miseres:
N'avez-vous pas été son Père, son Sauveur?

JÉSUS.

Ils sont Hommes! mon Fils. J'ai voulu leur bonheur.
Je leur devois mes soins, mes travaux et mes veilles.
Mais à la voix de Dieu l'on bouche ses oreilles.
Du salut à ce peuple on cache les chemins:
On le tient asservi par des préceptes vains;
Et, sur son ignorance élévant l'injustice,
On l'éloigne de moi de peur qu'il ne guérisse.

JONATHAS.

Et ce peuple, ô mon Père, il n'est donc point méchant?

JÉSUS.

O déplorable effet de son aveuglement!

Dans l'ombre de la mort on le guide, on l'entraîne.
A ses sens trop grossiers je suis objet de haine:
Son crime est son erreur. Mais malheur à tous ceux
Qui le font égarer, et le disent heureux!
J'ai démasqué ces Chefs. Leur face découverte
A juré de laver sa rougeur dans ma perte:
Ils arment contre moi le peuple d'Israël.

JONATHAS. (*avec emportement.*)

Que donc sur ces Tyrans tombe le feu du Ciel!

JÉSUS.

Qu'entends-je, ô Jonathas! Est-ce là ton langage?
Est-ce ainsi que tu dois consommer mon ouvrage?
Tu ne sais quel esprit s'est emparé de toi.

JONATHAS.

La haine des méchans.

JÉSUS.

Et l'oubli de ma Loi.

De la Loi de mon Dieu. Toi, connaître la haine?
Toi l'esclave des sens? Jonathas, romps la chaîne,
Avant qu'elle ait courbé ton ame sous son poids.
Contre l'Homme, ô mon Fils! quelle terrible voix
Vient de se faire ouïr! Sort-elle de ta bouche?
Crains-en l'horrible écho cette nuit dans ta couche.
Que t'ai-je fait, mon Fils! Quelle triste clarté
Répand son jour affreux sur la postérité!
Les siècles verront-ils, par un coupable zèle,

Souiller de mes travaux la marque la plus belle?
Un monstre naîtra-t-il du grain que j'ai planté?
Dira t-on que Jésus en son flanc l'a porté?
Quoi! l'affreux Fanatisme élévant une Église,
Au milieu des forfaits la voudra-t-il assise?
Et, livrant ma doctrine en proie à des méchans,
Viendront-ils la changer en code des Tyrans?
Mes paroles, un jour, que dis-je, armeront-elles
Et frère contre frère, et des enfans rebelles
Contre les vieux auteurs de leurs coupables jours?
O siècles malheureux! rebroussez votre cours!
Verriez vous, verriez vous, des monstres sanguinaires,
Qui, Jésus sur le front, massacreroient leurs frères?
Jésus! ah! que ce nom s'efface en tous les coeurs!
Plutôt que de servir à des persécuteurs
De sanglant étendard! Que plutôt anathême
Soit ce nom de Jésus! Oui, dès ce moment même,
O vous, qui, sous ce nom, pour servir vos penchans,
D'un Dieu Père commun maudiriez les enfans;
Ou qui les fouleriez comme on foule la boue;
Vous n'êtes plus les miens, et je vous désavoue:
Jésus veut des amis, et ne connoit pour tels,
Que ceux qui comme lui chérissent les mortels!

(*il regarde Jonathas, qui paroît confondu et troublé.*)

M'aimes-tu?

JONATHAS (*se jetant au cou de Jésus.*)

Vous aimer ! O Seigneur ! votre bouche
Peut-elle demander !.....

JÉSUS.

Mon reproche te touche.
Mais cette coupe enfin que l'on va me donner,
De plus en plus, mon Fils, faut-il l'empoisonner !
Et ne suffit-il pas déjà de son écume,
Sans y verser encor de nouvelle amertume ?
O toi ! de tous les miens le plus pur, le plus doux,
M'es-tu venu porter encor de nouveaux coups ?
M'es-tu venu porter même le plus sensible ?
Tu m'offres l'avenir sous un aspect horrible.
O parole cruelle ! O Jonathas, mon Fils !
Oublies-tu déjà quels sont mes vrais amis ?

JONATHAS.

Ah ! qui moi ?.... l'oublier !.... vous déchirez mon ame !

JÉSUS.

Jonathas !

JONATHAS.

O grand Dieu !

JÉSUS.

Dis-moi, de quelle flamme
Te sentois-tu brûler en prononçant ces voeux,
Dont le seul souvenir fait dresser les cheveux ?

JONATHAS.

Et le sais-je, ô mon Père ! En cette heure cruelle
Je ne me connois plus !

JÉSUS.

En toi-même rappelle
Cet empire si beau de l'homme sur ses sens.
Viens jouir de la paix de mes derniers instans;
Mon exemple te dit de ne haïr personne :
D'aimer, de pardonner.

JONATHAS.

Eh bien ! je leur pardonne :
Je leur pardonne tout ! Mais vous allez mourir !

JÉSUS.

Promets moi d'oublier ce qu'ils nous font souffrir.
Et jouïs de ma paix avant que je te quitte.
Approche Jonathas.

JÉSUS (*s'assied, et fait asseoir Jonathas à ses côtés. Celui-ci jette les yeux avec anxiété vers l'entrée de la prison.*)

Viens, qu'est-ce qui t'agite ?

JONATHAS.

Ils vont bientôt venir !

JÉSUS.

Nomme-les ....

JONATHAS.

Vos bourreaux !

JÉSUS.

Qu'ils viennent! Ici bas j'ai fini mes travaux.
Au départ dès longtems j'ai préparé mon ame:
Je l'attends cette mort.

JONATHAS. (*avec un cri de douleur.*)

La mort la plus infâme!
O ciel! je verrai donc des monstres furieux
Repaître leurs regards d'un sang si précieux!
Ces mains.... ces chères mains soutiens de ma jeunesse!
Cette bouche,... ces yeux!....

JÉSUS.

Jonathas ta promesse!

JONATHAS.

Sanglant, défiguré!....

JÉSUS.

Mais tu n'écoutes pas.

JONATHAS.

Mais vous, vous déchirez le coeur de Jonathas!
Vous r'ouvrez sa blessure!

JÉSUS.

Ah! plutôt, c'est ton Père
Qui tâche d'y verser un baume salutaire;
Qui t'offre les secours, les uniques secours,
Qui de maux plus réels détourneront le cours.
Ecoute mieux, mon Fils!

JONATHAS.

Ah! parlez!

JÉSUS.

Ma parole
Veut guérir, consoler, mais non tel que console
Un monde, dont les biens passagers comme lui,
Ne sauroient nous offrir de véritable appui.
Son repos est trompeur, et laisse l'ame vide.
Mais la paix que je t'offre est une paix solide:
C'est elle qui conduit à l'éternel salut.
Ne t'ai-je pas, mon Fils, souvent montré ce but?
Et n'entrevois-tu point, au bout de la carrière,
Cette félicité que nous promet mon Père?
Elle habite en son Sein cette Félicité:
Inséparable en lui d'avec sa Sainteté.
C'est cet unique Bien, qui tout desir surpasse;
C'est ce Père tout Saint, c'est Lui que face à face,
Nous pourrons contempler dans l'Éternelle Paix
Qu'elle soit donc ici le but de tes souhaits.

JONATHAS.

Jonathas n'aura point d'autre Dieu que le vôtre!
Vôtre Dieu, c'est le mien!

JÉSUS.

Le mien, le tien, le nôtre,
Le Père des humains, dont les sublimes lois
Annoncent à nos coeurs la paternelle voix,

Qui nous invite tous à sa sainte présence.

JONATHAS.

Ah! guide moi vers lui!

JÉSUS.

Va, repasse en silence
Ces mots, qu'ont entendu mille fois mes amis,
Et toi même avec eux à mes côtés assis:
„ Bienheureux, ai-je dit, Bienheureux est cet homme"
„ Qui garde son coeur pur: il est propre au royaume"
„ Que je viens établir. Cet homme verra Dieu."

JONATHAS.

Verra Dieu! Quand? Comment? Mon Père! Et dans quel lieu?

JÉSUS.

Elle est obscure encor, mon Fils, cette parole.
L'image de tes sens ne t'offre qu'une Idole:
Mais ce n'est point le Dieu que je te fais chercher.

JONATHAS.

Dieu, cependant, dit-on, se plait à se cacher.

JÉSUS.

C'est nous, qui nous cachons de ce Céleste Père;
Qui n'osons pénétrer jusqu'en son Sanctuaire:
Nous esclaves des sens; c'est nous qui fuyons Dieu.

JONATHAS.

Mais dans le Saint des Saints, dans ce terrible lieu
Qui conduira mes pas? N'est-ce plus aux seuls prêtres
Qu'il est ouvert?

JÉSUS.

Mon Fils, de cet Être des Êtres
Quel nuage à tes yeux offusque encor l'éclat?
Il est vrai, ta jeunesse excuse cet état;
Mais il faut en sortir. Ce Dieu, que je contemple;
Que t'annonce ma voix, n'habite point ce Temple:
Non, non, ce Sanctuaire où séjourne mon Dieu,
N'est point dans ce terrestre lieu:
N'est point sur la Montagne Sainte.
Sion, dans sa superbe enceinte,
Du Jéhova,
Dont on n'approche qu'avec crainte,
Peut aux yeux de la chair offrir l'image empreinte,
Mais vainement au pied de son autel,
Tu cherches un Dieu Saint; un Principe Éternel:
Et dans un culte tout charnel,
Tes yeux sont éblouis d'une pompe éclatante;
Mais ce Dieu, seul objet de ta recherche ardente,
Tu ne le trouves point dans le Dieu d'Israël.

De Sion foule alors la cime.
Au Dieu, qui te forma, donne un autre séjour.
De l'Aigle prends l'essor sublime,
Et des Cieux dans ton vol embrasse le contour.
Vois, au dessous de toi, mugir le vaste abîme;
Et des globes de feu, dispensateurs du jour,

Mesure dans ta course immense,
Et la grandeur et la distance:
Au-delà de leurs Cieux, crée toi d'autres Cieux;
Dans le vaste infini que ton ame lancée,
Par son besoin toujours poussée,
Demande enfin le Dieu des Dieux
Au plus haut Idéal qu'enfante ta pensée:

Tu retombes encor; envain, mon Fils! envain,
Ton ame jour et nuit vers cet Être s'élance,
Tu retombes toujours, et, dans ton impuissance,
Criant après ton DIEU! ... Tu ne trouves enfin
Que le Dieu d'Israël, ou l'horrible Destin.

Non, ce Dieu que je sers, ce Dieu Saint, ce Dieu Père,
Habite dans un Sanctuaire
Plus près de nous: ouvert même au pécheur:
Ce Saint des Saints, c'est L'HOMME INTÉRIEUR.
De cet asyle, Ami, sonde la profondeur,
Et tu découvriras un sublime mystère.

Oui, Jonathas, pénétre dans ce Lieu.
Ose y descendre, ose chercher ton DIEU;
Ose aspirer à sa sainte alliance.

Prête l'oreille aux oracles divins.
Dieu t'y répond:

„JE SUIS QUI SUIS. LE PERE DES HUMAINS!
„POUR ME TROUVER, MARCHE DANS LE SILENCE:
„POUR M'APPROCHER, TRAVAILLE AVEC MES SAINTS:
„LES PURS DE COEUR CONNOÎTRONT MON ESSENCE."

JONATHAS. (*Se jetant au cou de Jésus.*)

Vous êtes donc toujours mon père en sa présence!
Dieu ne vous quitte point! Il est dans vous ce Dieu!

JÉSUS.

Le juste est avec lui dans tout temps, en tout lieu.
Tu le posséderas, si, détaché du monde,
Tu voudras la sonder la retraite profonde,
Où se recelle en nous la sainte vérité.

JONATHAS.

Et du fonds de mon coeur....

JÉSUS.

Jaillira la clarté,
Qui répandra son jour sur la sublime image,
Qu'encor tu n'apperçois qu'à travers un nuage.
Mais, garde ton coeur pur; pratique les vertus;
Et tu verras ce Dieu que t'annonce Jésus.
Tu n'as que faire ici de l'humaine sagesse.

JONATHAS.

Et qui dorénavant guidera ma jeunesse?

Je vous perds! je vous perds!

JÉSUS.

Ton guide est cet espoir
De le trouver ce Dieu, de l'aimer, de le voir.
Puisse ce guide saint vers cet Être suprême,
Dès cet instant, mon Fils, s'annoncer en toi même:
Ah! si la voix d'un Père avoit rempli ton coeur
De ce desir fécond de voir ton Créateur:
Elle t'auroit donné la force et le courage.
Vois le monde aujourd'hui m'immoler à sa rage;
Mais contre cet espoir il ne prévaudra pas:
Et je verrai mon Dieu! ... Lève toi Jonathas!

JONATHAS. *(Se levant, mais avec anxiété.)*

Vous allez!

JÉSUS.

Non, mon Fils, mais au devoir fidèle,
Le serviteur est prêt quand le Maître l'appelle.
Je veille.

JONATHAS.

Ah! votre Fils veut veiller avec vous!

JÉSUS.

Qu'ils veillent mes Amis, Amen! qu'ils veillent tous!
Et qu'ainsi de leur mort ils bannissent la crainte.

(prenant Jonathas par la main.)

Consommons en veillant l'union la plus sainte.

(regardant Jonathas avec affection.)

De ces prémiers instans qui nous ont réunis,
Te peux tu rappeler, comme moi, mon cher Fils!
L'heure, le jour, les lieux? Quelquefois il me semble
Que nous n'avons jamais commencé d'être ensemble;
Que formés l'un pour l'autre, il fallût que nos jours
Vissent naître et mourir en même temps leur cours:
Et cependant des cieux l'influence féconde
N'a que trois fois encor renouvelé le monde,
Et de l'astre des jours rallumé tous les feux,
Depuis l'instant, mon Fils qui nous unît tous deux.
Cet instant, dont à Dieu, mon ame rend la gloire;
Cet instant n'est jamais sorti de ma mémoire.
Revois, revois encor ces lieux, ô Jonathas,
Où, pour te rencontrer le Ciel guida mes pas.
Vois encor ce Soleil terminant sa carrière:
Vois ce calme touchant de la Nature entière;
Entends lui dire encor: „Je suspends mes travaux."
Et cet Astre, à son tour, l'invitant au repos,
De ses derniers regards saluer les montagnes,
Qui de Bethsaïda couronnent les campagnes.
Vois leurs cimes encor, s'élévant jusqu'aux cieux,
De ce Père du jour recevoir les adieux;
Et puis, les répétant sous leurs grottes profondes,
Du Lac de Gennézar dorer encor les ondes.

O spectacle pompeux qui revis dans mon coeur!
Qui de notre union rappelles la douceur!
O soir! qui fus témoin de la sainte alliance
Que contracta Jésus de guider l'innocence:
Heure à jamais présente et sacrée au devoir;
Pourrois-je t'oublier! C'étoit, c'étoit ce soir,
Que, méditant tout seul le long de ce rivage,
Je vins me reposer près l'antique héritage
Que cultivoient tes mains. Ta mère Salomé
Me montroit les travaux de son fils bien-aimé;
Ma voix les bénissoit. O touchante merveille!
A peine cette voix vient frapper ton oreille,
Qu'il semble, que, d'un bien agile avant-coureur,
Elle ait d'abord trouvé le chemin de ton coeur.
Rappelle toi, mon Fils, de ton ardeur nouvelle;
Comment, abandonnant tes filets, ta nacelle,
T'élançant sur mes pas, courant vers le hameau,
Toi-même, tout joyeux, m'offris ce verre d'eau,
Dont le seul souvenir, près du Céleste Père,
Réjouïra ton coeur à ton heure dernière.

Dis moi, dis moi, mon Fils, quels invisibles noeuds,
Quel attrait tout püissant nous attiroit tous deux?
Il est donc, Jonathas, il est donc de ces ames,
Où le ciel semble avoir versé les mêmes flammes;
De ces ames enfin, qui se cherchent toujours,
Et se trouvent parfois dès ces terrestres jours.

Ces ames, d'un desir, d'un seul but pénétrées,
Dans les nôtres, mon Fils, se sont donc rencontrées!
O du plus saint amour transports trop inconnus!
Vous unîtes dès lors Jonathas à Jésus:
Dès lors à Jonathas vous montrâtes son Père,
Son Frère, son Ami.... A ces mots à ta Mère:
„ Femme, je veux ton fils!" Tu volas dans mes bras.
„ Seigneur, il est à toi, va, prends mon Jonathas;
„ C'est un fils bien-aimé qu'une mère te donne:
„ Qu'il te ressemble un jour! Il sera ma couronne:
„ Et Salomé vivra dans son Fils et dans Toi."
Oui, digne récompense à si touchante foi,
J'ai voulu, Jonathas, qu'une union si pure
T'élevât au dessus des lois de la nature.
J'ai voulu, que partout, marchant à mes côtés,
D'un monde séducteur fuyant les voluptés,
Mon exemple, ma voix allumât dans ton ame,
De l'amour du devoir la plus sublime flamme.
Oui, du sacré devoir, cher Ami, j'ai voulu
T'apprendre à respecter le précepte absolu:
Tu m'y vois obéir. Puisse ma mort affreuse!
Loin de t'épouvanter, de te sembler honteuse,
Ne paroitre à tes yeux, témoins de mes tourmens,
Qu'un triomphe réel sur l'empire des sens.
Il est, il est en nous une double tendance:
L'une ici bas nourrit, soutient notre espérance.

On ne peut l'étouffer. Centre de tous nos voeux
Elle emprunte une voix; elle dit: „Sois heureux!
„ Sois heureux, ô mortel! Besoin de la nature,
Le bonheur est pour nous ce qu'est la nourriture:
L'homme sent qu'il y doit apporter quelques soins:
Mais la moralité qui règle nos besoins,
N'attache à ce bonheur ni louange, ni blâme,
Et ne point l'obtenir, ne nous rend point infâme.
Mais cette même voix, alors qu'elle nous dit:
„ Sois Juste, fais le Bien!" Elle ordonne, prescrit,
Fait pancher la balance, interdit l'équilibre:
Elle est Loi. Mais pourtant, mon Fils, tu restes libre:
La Loi ne contraint point: Tu peux choisir encor;
Au penchant d'être heureux, va, donne tout l'essor;
Aux attraits du plaisir ne sois plus insensible:
Mais que bientôt, alors, cette voix inflexible
Te dira, te criera dans le fond de ton coeur:
„ Aux dépens du devoir voudrois-tu le bonheur?
„ Méconnois-tu le Bien pour chercher le Bien-être?
    Ah! Jonathas! alors, alors pense à ton Maître!
Dans l'acte spontané d'agir et de vouloir,
J'ai voulu. J'ai choisi. J'obéis au Devoir.
„ DEVOIR, SACRÉ DEVOIR! J'entends ta voix auguste:
„ Tu nâquis, ô mortel, pour être bon et juste;
„ Et libre, te soumettre à mon autorité,
„ Homme! voilà tes droits; voilà ta dignité!

(petite pause.)

Ah! Jonathas! mon Fils! Ma terreste espérance!
Pourrois-tu quelque jour mettre dans la balance]
Le bonheur, le devoir?.... Non, non, je te connois:
Tu feras quelque jour ce qu'aujourd'hui je fais:
Foule aux pieds les plaisirs; souffre les injustices;
Sois digne du bonheur! Et meurs dans les supplices
S'il le faut, ô mon Fils!

(Il contemple Jonathas avec attendrissement.)

Oui, tu devras souffrir,
Te le cacher encor ce seroit te trahir:
Ce seroit détourner et tromper ton attente.
Arme toi du flambeau que ma main te présente:
Vois t'échapper ces biens qu'on recherche ici bas:
Vois tout ce qui t'attend à marcher sur mes pas;
Vois par où j'ai passé. Battu par la tempête,
Souvent je n'ai pas eu pour reposer ma tête;
Souvent.... Mais grace au Ciel! Jonathas, je t'ai vu
Souffrant à mes côtés, embrasser la vertu,
Pauvre te réjouïr, et sans perdre courage,
Faire du Saint Devoir le saint apprentissage.
Tu touches au moment, où jeune et sans amis,
Tu marcheras tout seul. Et qui sait, ô mon Fils!
Qui sait, si comme moi persécuté sans cause,
A quels malheurs déjà mon amitié t'expose!

(voyant Jonathas tout pensif.)

Ce discours, jeune Ami, n'est point pour t'affliger:
Mais ces maux, il est bon de les envisager.
Aux combats, que déjà te prépare le monde,
Il te faut des secours, où ton espoir se fonde:
Au dedans de toi-même, il te les faut trouver:
Vienne la mort alors! Tu pourras la braver.

(Jonathas est ému.)

Je te remplis le coeur de trouble et de tristesse;
Je le sais: mais je sais qu'une sainte allégresse;
Quelque jour te paîra de tous les maux soufferts:
Que tout te sera gain, ce qu'aujourd'hui tu perds;
Et qu'au bout de la course on recueille la palme!

(Jonathas de plus en plus ému.)

A tes sens trop émus, Ami, viens, rends le calme.
Je le partage aussi ce terrible moment:
Je souffre plus que toi, mais plus paisiblement.
Non, qu'il m'en coute rien, d'avoir cette constance:
La mère, dont le sein verse encor l'existence
A son fils premier-né, que menace la mort,
Oui, moins profondément sent l'horreur de son sort.
Mais le Devoir nous donne une force divine,
Et de la soutenir cette guerre intestine,
Et de la terminer, et d'être homme encor.

(avec expression.

Sois modéré, sois ferme, et riche d'un trésor

Que rien ne peut t'ôter, déploie un caractère,
Le seul fait pour les biens et les maux de la terre.

(avec sentiment.)

Mais respecte toujours, des préceptes divins
Le prémier, d'où dépend le bonheur des humains,
Le plus foulé, souvent, de tous tant que nous sommes:
LA DOUCE CHARITÉ, le seul lien des Hommes:
ENTR'AIMEZ-VOUS L'UN L'AUTRE; et, que dorénavant
On connoisse les miens à ce pur sentiment.

Oui, c'est la charité, tendre et compatissante,
Cette aimable vertu, cette féconde plante,
Qui supporte, nourrit, et jusqu'au fond du coeur
Distille de ses fruits l'ineffable douceur.
C'est elle, qui souvent des ames les plus sombres
Chasse au loin les soucis, et dissipe les ombres,
Et de l'humanité le plus bel ornement
A toutes les vertus pose le fondement.
Sans elle, de l'erreur les funestes barrières
Sépareroient toujours des nations entières;
Mais leur culte, leurs moeurs, leurs usages, leurs lois,
Tout cède, tout se tait à sa divine voix;
Et plus en apparence elle trouve d'obstacles,
Plus son triomphe est grand, et fécond en miracles.

(prenant Jonathas par la main.)

Si je t'aimai toujours, ô mon cher Jonathas!

Si t'appelant MON FILS, je ne me trompai pas,
Si la douceur toujours sut orner ta jeunesse;
Juge combien encor s'augmenta ma tendresse,
Alors, qu'à mes côtés, partageant mes travaux,
Je t'ai vu mille fois, dédaignant le repos,
Et dans le seul dessein d'être utile à tes frères,
Avec moi travailler des jours, des nuits entières.
Rappelle-toi tous ceux qui s'approchoient de nous:
Rappelle ces instans. En est-il de plus doux?
Où sont-ils, ces trésors que le monde présente,
Qui puissent compenser l'idée consolante,
Au dessus de tout prix pour le coeur vertueux,
L'idée, ô Jonathas, d'avoir fait des heureux?

(il fixe avec amour les yeux sur Jonathas.)

La douce charité sur ce front est gravée.
Sois fidèle à ces traits. Mon heure est arrivée!
A travailler au bien que je m'étois promis,
Nous étions deux .... Je pars .... Mais tu restes, mon Fils!
Je te quitte, il est vrai; mais l'esprit qui m'enflamme,
Je te le laisse, Ami; qu'il embrase ton ame!
Que ton soutien, ton guide, et ton consolateur,
Il apporte la paix et la joie en ton coeur!

Encore un mot, mon Fils, le dernier que ton Père
Te dira des devoirs de ton Saint Ministère.

(posant la main sur l'épaule de Jonathas, qui écoute avec une sainte docilité.)

Ici bas, cher Ami, nous sommes étrangers:
Nous marchons jour et nuit au milieu des dangers;
Nous cherchons le bonheur, le repos et la vie;
Mais notre ame, à nos sens trop souvent asservie,
Confond ses intérêts avec ceux de son corps,
Et contre de faux biens change de vrais trésors.
Un monde corrompu détourne sa pensée:
Détrompée à la fin, mais pauvre et délaissée,
Cette ame craint sa mort: malade et sans secours,
Son mal lui fait horreur, et s'accroit tous les jours.
Ah! si la charité vient alors à son aide;
Si sa douce éloquence annonce le remède;
Si des soins assidus, des paroles de paix,
Et le front d'un ami rappellent désormais
Cette ame, pour un temps, errante et vagabonde;
Elle est venue alors, en miracles féconde,
Cette heure du retour; et c'est la charité,
Qui fit renaître une ame à l'immortalité.

Qu'il est coupable donc ce zêle téméraire,
Qui juge avec hauteur des fautes de son frère;
Qui, d'un ton de mépris reprenant le pécheur,
Etouffe un germe saint renaissant dans son coeur,

Et, sous le nom pompeux d'être ennemi du vice,
A cet infortuné r'ouvre le precipice.
O zèle impitoyable! ô double iniquité!
Qui confond l'arrogance avec la charité.

Qu'ils ne t'égarent point. Crains d'avilir un être,
Que pour l'éternité l'Eternel a fait naître:
Crains d'étouffer en lui, le détournant du mal,
Le seul ressort du bien, le SENTIMENT MORAL.
Ah! si l'homme a cessé de s'estimer soi-même:
S'il est réduit, ô Ciel! à cet horrible extrême;
S'il se voit rebuté sans espoir, sans secours,
Tout est perdu, mon Fils! Respecte donc toujours,
Jusques dans le pécheur, le sacré caractère,
La dignité de l'homme, et le titre de frère:
Voilà LA CHARITÉ.

(Se plaçant vis-à-vis de Jonathas.)

Tu te troubles, mon Fils!
L'idée, qu'il en est de ces hommes flétris,
Qui semblent de l'humain n'avoir que la figure,
Excite-t-elle en toi quelque secret murmure?
Oui, je lis sur ce front, qui ne deguise pas,
Le doute de ton coeur. Viens, mon cher Jonathas,
Tu le dis; je l'entends: „ Quoi! le Père Céleste,
„ Le Père des humains, dans cet état funeste,
„ Peut-il voir, permet-il, que, tombés loin de lui,

„ Ses Enfans égarés se perdent sans appui?
„ Les laisse-t-il enfin s'anéantir eux-mêmes?
Repousse, ô mon cher Fils! Repousse ces blasphêmes:
Ils naissent dans ton coeur brulant de charité;
Mais que seroit-ce alors de notre liberté,
Si de nos actions, ou bonnes ou coupables,
Nous cessions devant Dieu d'être seuls responsables?
Et qui me jugeroit? Mon Dieu le pourroit-il?
Appelle si tu veux la terre un lieu d'exil:
J'y marche, MOI, QUI VEUX! J'y marche sans entraves,
Dieu nous fit ses enfans, et non pas ses esclaves;
Et lorsque de ce monde il nous rappellera,
Quel je me suis jugé, tel il me jugera.
Penses-y, Jonathas, et dis avec ton Maitre:

Je suis libre, j'agis, du centre de mon être
Part la réalité que je découvre en moi.
Je ne suis plus l'objet que je ne puis connaître;
Un idéal que ma raison fit naître;
Je suis libre, je veux, je suis ma propre Loi.

Envain me voudroit-on disputer cet empire:
Je suis libre, je veux, j'en ai le sentiment;
J'obéis à la Loi que j'ai dû me prescrire,
Et c'est ma volonté, que rien ne peut détruire,
Qui forme en moi l'Être agissant.

Qu'importe à mon vouloir ces captieux systêmes;
Et ces raisonnemens qui s'écroulent d'eux mêmes!
Je n'ai que faire ici de leur subtilité.
Leurs sophismes brillans sont autant de blasphêmes
Lancés contre ma liberté.
Ce qui me fait agir rejette la science;
Ma conscience ici parle à ma conscience;
Elle est la source en moi de toute verité.

Source vive, jaillis! environne, pénètre!
Et rejaillis encor au centre de mon être:
La Loi qui fait agir, te doit sa pureté.

J'accomplis cette Loi; Loi sainte, inviolable,
Dont rien ne peut me détacher.
D'ennemis entouré, seul, mais inébranlable,
C'est de ce centre inexpugnable,
Que je brave la mort que je vois s'approcher.

D'aveuglés ennemis je serai la victime.
Mon corps va succomber sous l'injuste pouvoir.
Je souffre les tourmens dont on punit le crime:
Et l'Univers entier ne m'offre plus d'espoir.
Abandonné de tous, dans ce moment extrême
Que peut-il me rester? — L'ESTIME DE MOI-MÊME;
ET L'AMOUR DU SACRÉ DEVOIR!

(Jésus prend la coupe sur la pierre; la tient en forme de Libation; et en épanche quelques gouttes:)

DEVOIR ! SACRÉ DEVOIR ! de ce sang qui ruisselle,
Chaque goutte est à toi. Je meurs: Tu l'as voulu:
Libre, j'accomplissois ton précepte absolu.
Poussière, dissous-toi! Mon ame est immortelle!

(petite pause, puis Jésus présente la coupe à Jonathas.)

Prends cette coupe, Ami, qu'elle soit désormais
Un signe pour les miens d'allégresse et de paix.
Que de mon sang versé conservant la mémoire,
Sur le monde elle annonce une grande victoire;
Qu'en y participant, tout homme dise en soi:
„ Oui, je la reconnois une Eternelle Loi:
„ Au DEVOIR à jamais je jure obéissance;
„ Et je consacre ici ma nouvelle alliance."

JONATHAS. *(prenant la coupe.*

A la face de Dieu, Mon Père, je promets
(Vous lisez dans mon coeur) de n'oublier jamais
A quels devoirs sacrés cette coupe me lie.
Sur votre exemple saint je veux régler ma vie:
Que contre Jonathas s'arment tous vos amis,
S'il fût indigne un jour du nom de votre Fils!

(il porte la coupe à ses levres.)

Pour accomplir ce voeu, soutenez moi, mon Père!

JÉSUS. (*reprenant la coupe.*)

Ton soutien est en toi; ta volonté peut faire
Ce que ma voix, mon Fils, a gravé dans ton coeur.
Cependant, je t'annonce un grand consolateur,
Et l'heure de ma mort te le fera connaître:
Son secours suffira. Dans le fond de ton être
Résidera sa force et luira sa vertu:
Ne crains donc point le monde, Ami, je l'ai vaincu.
Qu'il arme de nouveau son Prince et sa Puissance;
A ton tour, Jonathas, sois plein de confiance:
Et s'il faut en ton corps succomber aux tourmens,
Puisse-tu dire alors en tes derniers instans:

(*levant la coupe en haut.*)

Poussière, dissous-toi! Nature, et toi succombe!
Aux sens je ne suis plus soumis.
Triomphe! ma prison s'ouvre, s'écroule, tombe;
Je m'élance sur ses débris.
Une voix me salue, et m'appelle son FILS!
Sous mes pieds sont mes ennemis:
Monde, je t'ai vaincu! Mort, rentre dans la Tombe!
L'HOMME ET SON DIEU SONT RÉUNIS!

(*Jésus finit d'épancher toute la coupe. La remet à sa place, et s'éloigne vers le fond de la scène.*)

JONATHAS. (*lui tendant les bras.*)

Ah! mon Père! ....

JÉSUS. *(en s'éloignant toujours, et faisant signe à Jonathas de rester.)*

Un instant .... Veille!

JONATHAS. *(s'appuyant, sur la pierre.)*

Dieu! ....

(avec un profond soupir.)

Que je meure!

Jonathas, à demi couché sur la pierre, et fatigué de corps et d'esprit, s'abandonne peu à peu au Sommeil. JÉSUS, *qui, dans le fond du Théatre s'étoit livré à une profonde méditation, retourne enfin vers son Disciple, et le trouvant endormi, dit, d'un ton de reproche affectueux:*

Tu ne pouvois donc pas veiller encore une heure!
Tu dors!... Tout m'abandonne!... O Jonathas! mon Fils!
Tu dors!... dans le sommeil tes sens ensevelis
De l'insensible mort me retracent l'image.

(Contemplant Jonathas avec la plus tendre affection.)

Quelle sérénité peinte sur son visage!
Tel le coeur innocent, sans trouble, sans remords,
Entend sonner son heure, et descend chez les morts:
Il a vu sans effroi s'éteindre la lumière:
Libre, il dépouille enfin une vile poussière;
Et son Ami l'attend au delà du tombeau.

Du juste qui s'endort, oh! que le sort est beau!

Mais toi, faut-il, mon Fils, que le réveil encore
De longs jours ténebreux te fasse voir l'aurore?
Du malheur pourras-tu sans moi braver les coups?
Semblable au foible agneau qu'environnent les loups,
Égaré loin des yeux de sa garde fidèle,
Tel, je te laisse, hélas! dans cette heure cruelle,
En butte à la fureur de mes fiers ennemis,
Et pour l'amour de moi tu souffriras, mon Fils!
Envain, guidant tes pas au fort de la tempête,
J'ai pu me conserver une si chère tête:
C'étoit pour mieux sentir notre état aujourd'hui.
Ah! que mon ame encor est attachée à lui!
Lui seul embellissoit ma terrestre demeure.
Et je dois le quitter!......

(fesant quelques pas vers le milieu de la scène.)

Grand Dieu! voici donc l'heure,
Qui doit me retrancher du nombre des vivans!
N'entends-je pas les cris de ceux qui sont Puissans!
Leur main m'a préparé la Coupe d'injustice.

(s'arrêtant.)

Ah! s'il pouvoit passer cet horrible Calice!
S'il passoit loin de moi!

(pénétré d'un profond sentiment.)

O mon sang! O ma chair!
Vous êtes assaillis des horreurs de l'Enfer (*):
Vous payez le tribut de l'humaine foiblesse:
Encore, encore une heure, et la Nature cesse,
Et je ne souffre plus!

(avec une noble résignation.)

O coupe de la mort!
Ma lèvre dès longtemps avoit touché ton bord:
Non, ne t'éloigne plus! .... Aux sources de ma vie
De l'horrible liqueur fais pénétrer la lie:
Prémices des tourmens que je vais endurer,
Prépare la victime à ne point murmurer:
Consommons en entier cette sanglante offrande:
Elle est digne de Dieu! Le Devoir la commande.

(d'abord, en se repliant sur lui-même, et puis après avec un saint enthousiasme.)

De Dieu! digne de Dieu! Cache ta vanité:
Rampe foible mortel! Dieu! c'est la SAINTETÉ.
L'Eternelle Vertu, L'Eternelle Justice
A-t-Elle commandé ce sanglant sacrifice?
Se plait-elle à ce Sang que l'on fera couler?
De quel droit, ô mortel! Oses-tu t'immoler?

Où

(*) *Enfer*, en style des Hébreux signifie le sépulcre, la fosse, le séjour des morts; c'est le ᾅδης des Grecs. Voyez Ps. XVIII: 6.

Où sont de tes devoirs les règles infaillibles ?
Les sublimes vertus te sont-elles possibles ?
Qui t'éléve si haut? MOI-MÊME ! Et de ce rang,
Où je me suis placé, je vois couler mon sang :
C'est d'ici, noble espoir, que peut-être, il féconde
La plante des vertus qui doit orner le monde.
Germez plante, germez, remplissez l'Univers !
Etendez vos rameaux chez cent peuples divers !
Que, nourri désormais de vos fruits salutaires,
Le Genre Humain entier soit un Peuple de frères :
Que l'Homme marche en tout selon sa dignité ;
Qu'il atteigne le But : ce But est SAINTETÉ !

(Avec une pleine conviction intérieure.)

Oui, c'est la Sainteté ; c'est la Raison suprême ;
C'est ce But où je tends ; et ce But c'est DIEU MÊME.
Dans un Ordre moral je vois tout s'embellir.
Je vois la Liberté, le Devoir s'entr'unir.
J'écoute une Raison absolue, infinie.
Je vois un Univers de force et d'harmonie :
Je découvre le But où tendoient tous mes voeux :
Ce n'est plus l'Eternel obscur, mystérieux,
C'est le VRAI DIEU, le DIEU qui juge et récompense :
Il m'appelle... approchons... ÉCOUTONS EN SILENCE !...

(Ici Jésus s'agenouille devant la pierre, sur laquelle Jonathas s'est endormi. Il se cache la face de ses deux

mains, et dans cette attitude il reste plongé dans la plus profonde contemplation intérieure.

Une musique lente, attendrissante et mélodieuse se fait entendre. Elle semble venir d'en haut. C'est ce concert Angélique ; cette harmonie intérieure que le Juste entend au dedans de lui-même, alors, qu'il jouit de l'approbation de sa propre conscience.

Les sons s'affoiblissent peu à peu, jusqu'à ce qu'ils se perdent enfin entièrement. Succède durant quelques instans un profond et majestueux silence.

Enfin, Jésus se relève, et la sérénité divine empreinte sur le front, il dit d'une voix haute, assurée, noble et touchante :

LE TOUT EST ACCOMPLI!

La scène obscure jusqu'alors, est tout-à-coup éclairée d'une lumiere vive et douce. Elle disparoit aussi-tôt.

La porte de la Prison s'ouvre. Entre un Centenier accompagné de quelques soldats. Tous se tiennent dans le fond de la scène.

Jésus se retourne, et les regardant, il dit avec tranquilité et noblesse :

Me voici! Si c'est moi que vous venez chercher?

(*Leur montrant Jonathas, qui s'est réveillé au bruit de la porte et des armes.*)

Mais pour mon jeune Ami, laissez-le s'en aller.

JONATHAS. (*se jetant au cou de son Maître.*

O mon Maître! O Jésus! .... O Salomé, ma mère! Votre fils est perdu!

JÉSUS. *(voulant se débarasser doucement de Jonathas, qui le tient embrassé.*

Ami, laisse les faire.

Le moment est venu. Laisse-moi, Jonathas!

JONATHAS. *(serrant toujours plus fortement Jésus.)*

On ne m'arrache plus, mon Père, de vos bras;

Que j'y trouve la mort!

JÉSUS.

Jonathas, ta promesse!....

L'oublies-tu toujours?

JONATHAS.

Grand Dieu! que je vous laisse!

Ah! vous me repoussez! .... Suis-je plus votre fils?

JÉSUS.

Aux arrêts du devoir montre-toi plus soumis;

Sers d'exemple.

JONATHAS.

O mon Père!... et comment!... et le puis-je!...

JÉSUS.

Ah! rien ne doit couter quand le devoir l'exige:

Obéissons, mon Fils!

JONATHAS.

Que vais-je devenir!

O mon Maître! O Jésus!

JÉSUS.

Va, laisse-moi partir.

JONATHAS.

M'abandonner !.... Grand Dieu!....

JÉSUS.

Je vais quitter la Terre.

JONATHAS.

Vous allez à la mort !

JÉSUS.

Je vais trouver mon Père.

JONATHAS.

Et vous me laissez seul !... Je vous perds... Ah ! pourquoi!
Vous survivrois-je encor ....

JÉSUS.

Pour observer ma loi !

JONATHAS.

Je ne puis ....

JÉSUS.

Tu pourras.

JONATHAS.

Ah ! que je cesse d'être !

JÉSUS.

Va, tu n'y penses pas, va, laisse aller ton Maître!
Son départ est le sceau qu'il met à son amour.
Dans les lieux où je vais tu me suivras un jour:
Je te laisse un instant Orphelin sur la terre;
Mais tu viendras vers moi; tu viendras vers mon Père:
Il m'appelle, il m'attend; il nous attend tous deux;

Dans son Sein paternel, oui, nous serons heureux;
Et pour l'Eternité.

(se débarassant toujours doucement.)

Laisse donc! ..... Dieu m'appelle.
Viens me voir dépouiller ma dépouille mortelle.
Tel, qu'en un Cirque auguste, où l'homme est exercé,
Je fournis la carrière où Dieu m'avoit placé:
L'éclat de mon triomphe est au bout de la lice.

(à Jonathas, dont les larmes coulent.)

Tu pleures! Viens, vois mieux, vois dans mon sacrifice,
Le plus beau, le plus pur que le Ciel puisse voir:
L'HOMME DE BIEN, mon Fils, S'IMMOLANT AU DEVOIR!

(avec une douce fermeté.)

Dieu s'y plait. Il nous voit: Qu'à lui seul soit cette heure!
Et que sa Sainte Paix à toujours te demeure.

(Jonathas s'agenouille devant Jésus, qui, les mains étendues au dessus de son disciple, dit à haute voix:)

„ O Père! A qui je viens selon qu'il m'est promis,
„ Contemple Jonathas! Je t'enfantai ce Fils.
„ C'est mon cher Jonathas, c'est mon Ami, mon Frère!
„ Il reçut ta parole; il est à Toi, mon Père:
„ Je te l'offre en ce jour pour te glorifier.
„ Conserve, guide-le pour se sanctifier;
„ Que sur le monde, ainsi, remportant la victoire,
„ Il te loue avec moi, réunis dans ta gloire.

(*Jésus, levant les mains au ciel.*)

„ Descends, descends sur nous ESPRIT CONSOLATEUR!

JONATHAS. (*encore à genoux, avec un saint ravissement.*

Quelle voix retentit jusqu'au fond de mon coeur!
Quel Ange en ce moment vient d'essuyer mes larmes!
Quelle tranquille paix succède à mes allarmes!
Quel Dieu m'a consolé?

JÉSUS. (*avec un saint transport.*)

Le DIEU que je béni!

(*relèvant Jonathas.*)

Lève toi, Jonathas, ... marchons .... sortons d'ici!

Jésus s'avance, tenant Jonathas par la main, vers l'entrée de la prison, où le Centenier l'attend. Celui-ci a donné de temps en temps des signes d'étonnement, de respect et même d'attendrissement.

Jésus est emmené, et la toile tombe.

✿

Dans les scènes qui suivront, ou si l'on veut dans le troisième et dernier acte, on verra Jésus devant le Sanhédrin ou Conseil des Juifs. Son interrogatoire. La malice, l'hypocrisie, et l'horrible abus de l'influence Théocratique contre l'Autorité légitime. Les réponses de Jésus, et son sublime départ au-devant du supplice. Le trouble, la confusion du Conseil : sa dispersion. L'apparition subite de Judas, avec les dernières marques de son repentir et de son désespoir dans une scène avec Caïphas : Enfin la mort violente de cet infortuné ; et, pour dénouement de la Pièce entière, le triomphe véritable et éternel de l'Homme-Dieu.

NOTES.

Le prémier interprête d'un livre est l'auteur.

NOTES.

Je fais suivre ici quelques notes qui se rapportent plus directement à ce fragment. D'autres déjà rassemblées en assez grand nombre paroitront avec tout l'ouvrage, et j'y renvoie quelquefois.

Disons d'abord un mot des deux Personnages introduits en scène avec Jésus.

I. DE JUDAS.

Mon Judas n'est point le Judas Iscarioth des Evangiles reçus, mais il s'est trouvé ne pas être non plus un personnage de pure invention. Si j'ai supprimé le disciple qu'on dit avoir trahi Jésus, c'est qu'un pareil caractère comme simple instrument entre les mains des prêtres, et en ne s'attachant qu'à la créance commune, eut été entièrement nul, et, qu'en lui prêtant une certaine importance, je le défigurois, je le rendois méconnoissable, et lui aurois insensiblement attribué, dumoins en partie, ce que j'attribue au mien. Caractère projeté longtemps avant de découvrir qu'il existoit quelque chose de semblable dans deux ou trois anciennes traditions. Cette découverte, dont nous parlerons ailleurs (*), fixa le choix déjà fait. Il me falloit un personnage qui tînt le milieu entre les amis et les ennemis de Jésus: un Personnage mû, poussé dans ses actions par des intérêts différens de ceux des Prêtres, ou plutôt par les siens propres. Un homme, dont les motifs plus puissans, plus nobles aux yeux du monde, s'accordassent mieux avec mon but, que les vils motifs généralement attribués au Judas Iscarioth (†). Moins méchant qu'ambitieux, moins ennemi de Jésus, que de tout ce qui peut s'opposer à ses projets de grandeur future, mon Judas ne persécute dans le Héros du Drame qu'un obstacle qui le traverse dans l'exécution de ses desseins. Au reste, rempli d'horreur pour la puissance et l'hypocrisie Théocratique, il reconnoit dans son prétendu rival le Sage qui la combat, qui la demasque; le Sage par excellence. Il hésite. La vérité et la vertu font entendre une voix foudroyante dans cette ame en proie à ses propres déréglemens. Dechiré de remords, et cédant en aveugle au nouveau torrent qui l'entraine, mon Judas veut sauver Jésus; il échoue dans son entreprise: tout est perdu; et il ne lui reste plus que le désespoir. Flottant ainsi continuellement entre le crime et un reste de sentiment moral: englobé dans un monde pour lui soumis au fatalisme, et se formant ainsi le sien: sans force de lui resister, et y succombant enfin, tel est mon Judas, et tel, peut-être, il est une création heureuse; un personnage digne de la haute tragédie, et qui vaut bien, d'après mon but, le Judas Iscarioth de l'histoire Evangélique.

(*) Dans mes notes encore inédites je donne les passages de ces anciennes traditions.

(†) Plusieurs savans de nos jours, sur tout en Allemagne, ont émis diverses conjectures sur les motifs de la trahison du Judas Iscarioth: quelques uns de ces motifs rapprochent leur Judas du mien. On pourra voir dans la suite sur cet article mes notes inédites.

❉

II. DE JONATHAS.

De tous les Disciples de Jésus, Jean, que j'appelle Jonathas (*), est sans contredit, celui qui, d'après les traditions anciennes, doit le plus intéresser le Spectateur. Le tendre attachement qu'il avoit pour son Maître: l'affection particulière que lui portoit celui-ci: l'innocence et la pureté de ses moeurs; l'extrême douceur de son caractère; sa jeunesse: tout se réunit pour en faire un personnage propre à la scène. Les autres amis de Jésus l'ont tous abandonné. Jésus se trouve seul au milieu de ses féroces adversaires. Une noble indignation ne doit-elle pas s'emparer de cette ame vertueuse et sensible? Et celui, dont toutes les paroles, toutes les actions ne respiroient que l'amour des hommes, avec la règle de leurs devoirs les plus sacrés, pouvoit-il voir fouler ceux de l'amitié? Jonathas paroit, et il arrête sur les lèvres de ce Maître si bon, les justes reproches que méritoient l'infidélité, ou plutôt la crainte pusillanime de ses faibles compagnons. L'amitié est satisfaite, et Jésus ne pense plus qu'aux dangers que va courrir son disciple bien-aimé:

Viens, *reçois* (lui dit-il) *viens*, *reçois mes adieux*,
Que je t'embrasse encor, *et puis quitte ces lieux*.

Jonathas insiste. Il ne veut plus abandonner son Maître: il veut mourir avec lui; et l'Evangile dit qu'il l'accompagna jusqu'au pied de la croix, où il le vit expirer. C'est avec le plus vif enthousiasme que j'ai conservé une tradition

---

(*) Je parle de ce changement de nom dans ces mêmes notes inédites.

si touchante, et si bien d'accord avec le caractère de ces deux personnages, à tant de titres si saintement intéressans. Jonathas seul a donc observé Jésus dans toutes les circonstances de sa vie et de sa mort. Lui seul pouvoit donc le mieux apprécier ses dernières instructions: lui seul enfin, pouvoit me fournir la scène, dans laquelle, j'ai essayé de donner de la doctrine Chrétienne cette idée consolante, digne du Législateur, à la portée du Disciple, oserai-je ajouter, de tous les hommes? Qu'on consulte sans prévention, et armé d'une critique vraiment philosophique, les écrits que nous avons sous le nom de St. Jean, tant son Evangile, que la prémière de ses Epitres, et on y reconnoîtra une morale où respire à la fois une simplicité sublime et une douceur incomparable: en un mot partout où c'est lui qui parle, on diroit que c'est le langage de Jésus lui-même. Le Disciple qui a tant hérité du Maître; qui lui doit tant: qui lui ressemble si fort; est donc un caractère, sans lequel, celui du Héros du Drame n'eut été que mutilé.

On trouvera dans le cours de ces notes deux traits de la vie de St. Jean, qui viennent à l'appui de ce que j'avance ici. Je les donnerai dans leur lieu, non comme anecdotes Historiques; mais sous un titre bien plus respectable: sous celui d'anecdotes Morales.

NOTES SUR LE TEXTE DU DRAME.

No. 1. pag. 4, ligne 5. et suiv.

Viendra, viendra ce temps où l'envie et l'orgueil,
Au dedans de tes murs creuseront le cercueil
Où se doit engloutir, et jusques à la trace,
Du séduit Israël la déplorable race.
C'est alors, ô Sion, qu'un superbe vainqueur,

Barbare malgré lui, comblera ton malheur;
Que tu verras de morts tes campagnes couvertes,
Et ton temple détruit, et tes maisons désertes.
Détournes ces horreurs!....

Quoique ce ne fût que sous l'Empereur Adrien, c'est-à-dire environ quatre-vingt-dix ans après Jésus, qu'arriva la dernière ruine, et la totale dispersion des Juifs, on peut régarder néanmoins avec raison la destruction de Jerusalem par les Romains sous Titus, comme la grande Epoque qui décida du sort futur de la Nation Juive.

Le superbe vainqueur barbare malgré lui,

C'est Titus, fils de l'Empereur Vespasien, dont il est dit: „ Que touché des maux des Juifs, et prenant ses Dieux à „ témoin de n'être pas cause de leur perte, il les invita par „ les plus fortes raisons à rentrer dans l'obéissance." On sait que le Temple fut brulé malgré les ordres les plus exprès de ce même Titus pour le conserver: que ce fut un soldat romain, qui, de son propre mouvement y mit le feu; et que tout secours pour éteindre la flamme devint inutile. On peut consulter Tacite, et surtout Josephe, sur la catastrophe d'une ville, qui, durant un siège de sept mois, vit périr onze cent mille habitans. Je ne transcrirai qu'un seul passage de l'historien Juif. C'est le coup de pinceau d'un maître qui décharge son ame sur la toile; c'est l'esquisse outrée, mais expressive d'un grand et terrible tableau à exécuter; „ Je ne saurois plus taire", s'écrie ce peintre du portrait de sa propre Nation „ Je ne saurois plus taire ce que la douleur „ et la vérité m'arrachent malgré moi. Oui, je crois, que, si „ les Romains eussent tardé à s'armer contre les coupables, „ Jérusalem auroit été, ou engloutie dans la terre entr'ouverte „ sous elle, ou submergée par les flots de la mer, ou plutôt „ encore incendiée par le feu du Ciel, comme le fut autrefois Sodome: et du moins, la race malheureuse que renfermoit cette dernière ville, mille fois moins méchante, n'en-

„ traîna point par sa criminelle obstination la ruine de la nation „ entière!... Que dis-je?... Mannaeus, fils de Lazare, transfuge „ chez les Romains raconte, que durant les trois prémiers „ mois du siège, on transporta hors d'une seule porte, dont „ il avoit eu la garde, cent quinze mille, huit cent, quatre-„ vingt cadavres" de ceux que la rage, l'orgueil et la confusion avoient armés les uns contre les autres dans le sein même de la ville.

Flav. Joseph. de Bell. Jud. Lib. VI *et* VII.
Corn. Tacit. Hist. Lib. V.

No. 2. pag. 5, ligne 13.

Mon ouvrage, grand Dieu! sera-t-il donc perdu?
Restera-t il sans fruit?....

Pour que l'on ne se trompe point sur le vrai sens, que d'après mes idées, j'attache à ces paroles et aux suivantes, et en général à toutes celles, où, par la suite, il s'agit du saint Ministère de Jésus, je renvoie à un discours que je viens de terminer, et dans lequel je développe ces mêmes idées, que souvent je n'ai fait qu'indiquer dans la Pièce. Le Discours pourra donc servir de suite naturelle au Drame, et lui tenir lieu, pour ainsi dire, de note perpétuelle Aussi je me propose d'en former le second volume de tout l'ouvrage avec cette Epigraphe, qui peut-être en fera entrevoir l'esprit:

... θαρσεῖτε, Ἐγὼ νενίκηκα τὸν κόσμον.
„ Ayez confiance, j'ai vaincu le monde."

Evangile de St. Jean XVI: 33.

No. 3. pag. 12, ligne 7.

Plus qu'Hérode et nos Chefs, etc.

Je renvoie sur cet Hérode à mes notes inédites du prémier Acte. Il semble qu'on confond assez souvent les différens princes de ce nom. Quant à ces projets de grandeur que je suppose ici à mon Judas, on pourra consulter dans la suite les différentes traditions que j'ai recueillies sur ce sujet, et qui paroîtront avec tout l'ouvrage.

No. 4. pag. 14, ligne 14.

Oui,
Règne, règne, Seigneur!.... sois ce Roi d'Israël
A nos pères promis....
. . . .
Oui, le salut des juifs sera dans ton regard.
La bonté, l'équité les soutiens de ton trône:
La troupe des vertus orneront ta couronne:
De nos frères captifs tu briseras les fers;
Et ta voix entendue aux bouts de l'Univers,
Dans les coeurs avilis ira porter la joie.
L'Aquilon étonné te lâchera sa proie:
Et les Rois du midi de gloire revêtus,
Viendront jusqu'à tes pieds adorer tes vertus.

Ces vers renferment à peu près toutes les idées de grandeur, de gloire et de prospérité nationales, dont se flattoient, dit-on, les Juifs dans leur attente d'un Messie ou Libérateur. Mon Judas s'exprime donc comme un Juif de ce temps auroit pu s'exprimer, dès-lors qu'il eut cru reconnoître ce Messie promis dans la personne de Jésus. Cependant, dans une note sur un vers du premier acte (*) je discute soigneusement, et comme on dit *ab ovo*, cette opinion populaire, remontant autant qu'il m'a été possible aux sources, et indiquant toutes celles, où, non seulement ce semble, les Juifs,

(*) *On pourra voir au premier Acte la scène (encore inédite) entre Judas et Gamaliel.*

mais encore la plûpart des autres peuples anciens, peuvent avoir puisé le *Schéma* de ce personnage extraordinaire, dont l'avènement accompagné de telles ou telles circonstances, devoit changer la face du monde entier, et ramener le prétendu âge d'or sur la terre. On juge que, dans cet examen, je n'ai pas passé sous silence le système ingénieux de l'auteur des *Recherches sur l'origine du despotisme oriental* (*) encore moins celui du célèbre Eberhard (†); c'est-à-dire, pour autant que ces deux systèmes d'un genre en apparence si différent entr'eux, se rapportent à mon but. Au reste, quelque chose que je puisse avancer d'opinion mienne dans cette note si détaillée, on verra que je ne desire rien davantage que de la soumettre à la critique la plus sévère, mais raisonnée et impartiale de tout sincère Scrutateur de la vérité.

No. 5. pag. 19, ligne 6.

Fatale illusion!
Et déplorable effet de la corruption,
Qui, jusque dans le bien corrompant les maximes,
De noms si spécieux sait colorer les crimes!

A l'occasion de ces paroles de Jésus, et de celles qu'on lui verra prononcer au dernier Acte devant le Conseil des Juifs, je promets pour la suite, quelques extraits du livre de Kant: *Die Religion innerhalb der grenzen der bloszen Vernunft*. Ouvrage, je crois, peu connu, ou méconnu; et dont, pour ma propre étude, je m'occupe à faire une traduction française avec des citations et des remarques de ma façon.

(*) *Recherches sur l'origine du despotisme oriental. Ouvrage posthume de Mr. B. J. D. P. E. C.* (*sine loco*) 1763. *in* 8.

(†) *J. A. Eberhard. der geist des Urchristenthums, Halle* 1808. 3 *vol. in* 12.

No. 6. pag. 19, ligne 15.

Le vice et la vertu sortiront du tombeau.

Sur ce vers, d'abord effacé et puis rétabli, j'ai préparé une longue note, que je donnerai lors de la publication de l'ouvrage entier.

No. 7. page 22, ligne 13.

JUDAS.

Grand Dieu! le permets-tu?.... ton Juste va périr!
Fortifie ce bras...· Arme moi de ton glaive!
Préviens ce sacrifice!

JÉSUS.

O grand Dieu! qu'il s'achève,
Si tel est mon devoir!

JUDAS.

Quel devoir! quel devoir!
Ton Dieu te livre-t-il à l'injuste pouvoir?
Dieu le veut-il ton sang?... est-il tigre?...

Ce sacrifice de sang, c'est à-dire, cette mort violente du juste, considerée comme les suites inévitables d'une obéissance inconditionnelle à la loi; comme un sacrifice au DEVOIR, est un acte sublime, digne d'un Socrate et d'un JÉSUS; mais considerée, comme je suppose que devoit l'envisager ici, au mot devoir, un Judas, un Juif plein des idées d'un Dieu jaloux et irrité qu'on ne pouvoit appaiser qu'à force de sang; une telle mort, considérée, dis-je, sous un pareil point de vue, devoit lui arracher, ainsi qu'à toute tête bien organisée, des paroles semblables à ces belles paroles du judicieux Plutarque: „ Est-ce là adorer l'Être Suprême?... Est-ce avoir de la Di„ vinité une idée qui lui fasse beaucoup d'honneur, que de „ la supposer alterée de sang humain, avide de carnage, et „ capable d'exiger et d'agréer de tels sacrifices."

Plut. de Superst.

No. 8. page 23, ligne 5.

Es-tu plus que mortel?
Es-tu?... Tu les... tu l'es... le Fils de l'Eternel!

„ Il y a entre Dieu et les gens de bien une affinité, une „ ressemblance parfaite. L'Homme de bien ne diffère de Dieu „ que par la durée: il est son Disciple, son Rival, son VÉ- „ RITABLE FILS."

Sénèque de la Providence Chap. I.

No. 9. pag. 26, ligne 16.

Céphas, Nathanaël!

Ce sont deux des Apôtres ou Disciples de Jésus. Céphas est le même que Pierre qui renia son Maître (*v. Matthieu* XXVI: *69* et *Jean* XVIII: 15.) Pour ce qui regarde Nathanaël, il y en a qui le confondent avec Bartholomée: d'autres, car où ne conduit pas la manie de commenter, l'ont pris pour l'époux des nôces de Cana. L'opinion la plus raisonnable est celle qui le fait Docteur de la loi. *Voyez sur ce Disciple l'Evangile de St. Jean, au Chap.* I: 45, où Jésus lui donne ce bel eloge: „ Voici un vrai Israëlite sans déguisement et sans „ fraude."

No. 10. page 27, ligne 20.

Jonathas! Jonathas! le voici dans vos bras!

Le dernier entretien de Jésus avec ses amis, la veille de sa mort, m'a fourni, non seulement l'idée de cette scène, mais encore, pour ainsi dire, tous les élémens dont elle est composée, en me réservant néanmoins le droit d'interpréter quelques unes des paroles de Jésus d'après ma manière de les concevoir. C'est St. Jean, le disciple bien-aimé, qui nous a transmis dans son Evangile (*) cet adieu si profondément pathétique; et c'est ce même St. Jean, que d'après mon but, j'ai fait de préférence l'unique dépositaire des dernières instructions d'un Maître, dont seul (je ne crains point de le dire) il hérita depuis le caractère et la doctrine.

Il règne dans le discours original un beau désordre, qui ne contribue pas peu à y imprimer le fceau de la verité. Et, en effet, n'eut-ce pas été le comble de toute invraisemblance, que, dans la situation où se trouvent les personnages, on eut fait tenir à Jésus un discours suivi? n'eut-ce pas été le défigurer entierement? Jésus, dans un pareil moment, pouvoit-il devenir tout-à-coup ce que jamais il n'a été: un froid et triste déclamateur de maximes? Non, ce Divin Jésus est encore ici ce qu'il fut dès le commencement, ce qu'il fut jusqu'au dernier soupir sur la croix, l'ami, le consolateur, le sauveur des hommes. Son langage est celui de la Raison et du Coeur. Les vérités qu'il traite ne sont ni annoncées, ni étudiées. Elles se présentent d'elles mêmes sans effort. Chaque expression, chaque demande, chaque geste, pour ainsi dire, des Disciples, amène naturellement la réponse, les réflexions, les conseils, les préceptes avec les dernières marques d'amour et de sollicitude du meilleur des Maîtres, du plus sensible des Amis. Et, si dans ce discours il se rencontre quelques répétitions, c'est que le coeur vivement ému aime à se réproduire sous mille formes. Ces répétitions si touchantes, je me flatte de les avoir conservées dans ma copie; dumoins y ai-je fait de mon mieux; car je me croirois indigne d'avoir emprunté la moindre chose à mon modèle, si j'avois voulu lui subsistuer d'autre suite, d'autre liaison, que celle du sentiment profond et sublime qui y règne d'un bout à l'autre; et, ce sera alors, que doublement

(*) V. les chapitres XIII, XIV, XV, XVI et XVII.

je m'applaudirai de mon imitation, si l'on y entrevoit, (ce que moi-même je découvre dans l'original) une réponse à deux questions d'un si grand intérêt pour notre moralité : *Que dois-je faire ? Qu'osé-je espérer ?*

No. 11. page 35, ligne 23.

Et que pourrai-je seul dans cette ingrate terre ?

Ces paroles de Jonathas, ainsi que celles de Jésus qui précédent, et qui suivent immédiatement, me rappellent une espèce d'Ode que j'avois composée, il y a quatre ou cinq ans, sur les travaux du Sage, et en particulier sur ceux du Divin Jésus. Cette pièce a disparu de mon Portefeuille ; et comme elle contenoit plusieurs des idées reproduites dans cette scène, et dans le prémier monologue de Jésus, j'en citerai ici la prémiere et la cinquieme ou sixieme strophe pour la revendiquer en toute occasion comme mienne. Au reste, si jamais je la retrouve, ou qu'elle me revient entièrement à la mémoire, je la placerai parmi mes autres notes encore inédites.

Première Strophe.

Pourquoi dans les Déserts cette pluie abondante ?
Pourquoi dans ces stériles lieux,
Et cette eau salutaire, et ces perles des Cieux ?
L'Aurore à son lever n'y voit aucune plante ;
Et du Père du jour le coucher radieux,
N'abandonne à la nuit qu'une arène impuissante.
Cessez, sur cette terre aride et d'épouvante,
Cessez de distiller, ô Cieux !
Votre rosée bienfaisante :
Son sein boit vos trésors ; mais son travail ingrat n'enfante
Que des reptiles venimeux !

5me ou 6me Strophe.

C'est ainsi que parmi la Nation impie,
Marcha, sans se lasser jamais,
En butte tous les jours aux plus iniques traits;
Ce Jésus, du Devoir le Pontife et l'Hostie.
Et, riche des trésors de la Divine paix,
Il brava les tourmens, la mort et l'infamie.
Monde! contre Jésus ta puissance ennemie
Envain sût armer tous ses traits;
Envain, dans ta rage assouvie,
Tu pensas triompher . . . . . Jésus, au sein d'un Dieu de vie,
Trouva le prix de ses bienfaits! (*)

No. 12. page 42, ligne 11.

Ne t'ai-je pas, mon Fils, souvent, montré ce but?
Et n'entrevois-tu point, au bout de la carrière,
Cette félicité que nous promet mon Père?

Il me prend envie de transcrire ici un petit Hymne qui a du rapport avec ces trois vers. Dans une scène, maintenant supprimée, j'avois introduit quelques jeunes filles formant ensemble

(*) Je remarquerai ici par rapport au Rhytme adopté dans cette Ode que j'avois hazardé de donner au pénultième vers de chaque Strophe quatorze Syllabes, comme on le voit par ce vers:

Son sein boit vos trésors, mais son travail ingrat *n'enfante.*

Et par cet autre:

Tu pensas triompher . . . Jésus, au sein d'un Dieu de vie.

Où, dans le prémier, le mot *ingrat*, et dans le second, tout autre mot de deux Syllabes du second Hémistiche, forment les deux pieds qui excèdent la mesure du vers Alexandrin; à moins qu'on ne veuille plutôt y reconnoître un vers de six Syllabes, et un autre de huit, se lisant de suite.

Quelqu'autre part j'avois admis, ou laissé subsister, le soi-disant *Hiatus* à l'Hémistiche ou à la Césure: c'est à dire, quand il y a repos ou suspension. Je me propose de parler de cette nouvelle licence plus au long en son lieu.

comme le Choeur des anciennes Tragédies. Toutes déploroient le sort de Jésus, et se rappeloient l'une à l'autre les bienfaits et les consolations que répandoit autour de lui ce divin Maître. Enfin une d'entre-elles, nommée Évodie (*), répétoit ou chantoit un Hymne, qu'elle disoit avoir appris de Jésus. Quelque adapté que je le croie à l'âge et à la situation du personnage, je crains qu'il ne soit peu convenable d'avoir fait parler ainsi l'oracle de la Sagesse Eternelle. On en jugera. L'intention que j'ai eue rendra peut-être la critique indulgente.

CHOEUR DE JEUNES FILLES.

ÉVODIE. (*à ses compagnes.*)

Helas! ce bon Jésus! .... Comme il nous aimoit tous!
Que de fois je l'ai vu prés du lit de mon Père,
Le soigner dans ses maux .... Ah! si saviez, ma chère,
Tout le bien qu'il a fait .... combien il étoit doux!
Qui pourroit l'oublier, ou qui pourroit le taire?
Un jour, je m'en rappelle, assise à ses genoux,
Qu'il me voyoit pleurer, „ Viens, me dit-il, m'amie,
„ Votre Père est malade; il souffre des douleurs:
„ Son état chaque instant nous arrache des pleurs:
„ Mais il peut espérer une meilleure vie.
„ Et, si malgré nos soins, si malgré tous nos voeux,
„ Il alloit nous quitter. Il seroit plus heureux!"

UNE JEUNE FILLE

Et ce père chéri?

ÉVODIE.

Je le possède encore.
Les soirs et les matins encor il me bénit.
Et c'est le bon Jésus qui seul nous le rendit;

(*) Εὐωδία, (Suavitas odoris) odeur agréable, v. Epit. aux Philip. IV: 2.

Lui seul fut exaucé du grand Dieu qu'il implore.

LA JEUNE FILLE.

Ce Dieu sera sans doute aussi bon comme lui?

UNE AUTRE.

Et, cependant, ma soeur, Jésus souffre aujourd'hui:
On dit qu'il va mourir d'une mort bien cruelle!

ÉVODIE.

Non, Dieu ne laisse point ses enfans sans appui.
Il aime tant Jésus: sans doute, qu'il l'appelle:
Car savez vous, mes soeurs, ce que m'a dit Jésus;
Que quand on fait le bien, pour prix de nos vertus,
Dieu donne à ses Enfans la couronne immortelle.

UNE JEUNE FILLE.

Et Jésus l'aura donc!

ÉVODIE.

Avec la douce paix,
Et la félicité qui ne se perd jamais.
Ah! si saviez aussi cette chanson si belle?

LA JEUNE FILLE.

Quelle chanson?

UNE AUTRE.

Une chanson nouvelle?....

ÉVODIE.

L'Hymne le plus joli que l'on puisse chanter

TOUTES.

Dites-le nous, nous voulons l'écouter.

ÉVODIE.

Qui, moi!... chanter?

UNE JEUNE FILLE.

Et pourquoi non, m'amie?
Chantez, chantez, c'est moi qui vous en prie.

ÉVODIE.

Comment! vouloir que je chante aujourd'hui?
Ah! laissez moi plutôt dans mon ennui
Pleurer Jésus que j'aime!

Toujours je pense à lui:
Et cet Hymne, mes soeurs, il me l'apprit lui-même!

UNE JEUNE FILLE.

Jésus! il vous l'apprit! ah! chantez nous, ma soeur,
Le langage si doux de notre bienfaiteur.

ÉVODIE.

Savez vous ce qu'on dit quand la moisson commence?

LA JEUNE FILLE.

Sans doute, on chante ainsi:

(*elle chante.*)

Quand les saisons
Sur nos moissons
Ont répandu leur bénigne influence;
Et que les Cieux ....

ÉVODIE.

Eh bien! de ces chansons
L'Hymne, mes soeurs, imite la cadence.

(*elle chante.*)

Jeunes Enfans!
Qui dans les champs,
Et dans les bois contemplez la nature:
Vous avez vu ces insectes luisans,
Ces petits vers ramper sur la verdure:
Cherchez, cherchez, que sont-*ils* devenus?
Cherchez encor, vous ne les trouvez plus!

LA JEUNE FILLE.

Ne sont-ce pas ces petites chenilles
Que si souvent?....

ÉVODIE.

Je m'en rappelle, oui.
Nous les prenions. Mais savez vous aussi
Quand elles sont bien cent fois plus gentilles?

PRÉMIERE FILLE.

Dans le printemps qu'elles sucent les fleurs.

ÉVODIE.

Non.

SECONDE FILLE.

Dans l'été?

EVODIÉ.

Devinez mieux, mes soeurs.

PRÉMIERE FILLE.

Ah! c'est le temps qu'on voit mûrir la vigne;
Que sur ses fruits ....

ÉVODIE.

Ce n'est pas là le signe
De leur beauté.

SECONDE FILLE.

Seroit-ce donc! ... mais non, le petit ver
Ne peut souffrir la rigueur de l'Hyver:
Dites-nous donc dans quel temps de l'année?

ÉVODIE.

Écoutez moi .... C'est le Seigneur Jésus
Qui me l'a dit; il m'a dit encor plus,
Et que l'instant que la chenille est née
Touche bien près à l'instant de sa mort.

UNE AUTRE FILLE.

De la chenille est-ce donc là le sort?

ÉVODIE.

Non, sa beauté l'attend alors qu'elle s'endort:
Mais la cherchant alors dans nos campagnes,
Chantons ainsi, mes aimables compagnes:

(*elle chante.*)

Qu'est devenu le petit vermisseau,
Plantes et fleurs qui fûtes son berceau?
Vous vous taisez, insensible nature!
Il étoit hier .... il n'est plus aujourd'hui!
Vous vous taisez, insensible nature.
Plantes et fleurs, vous n'êtes plus pour lui.

(*sans chanter.*)

Je ne saurois chanter .... je sens couler mes larmes;
Je veux pleurer, pleurer, mais vous, chantez mes soeurs!
Le chant, dans ce moment n'a plus pour moi de charmes,
Trop bien savez qui cause mes douleurs:
Jésus, Jésus mérite bien nos larmes!
Chantez, chantez .... je pleurerai, mes soeurs!

PRÉMIERE FILLE.

Nous chanterons, ô ma chère Evodie!
Nons chanterons, mais chantez avec nous.

ÉVODIE.

Et que dira ma triste mélodie?

SECONDE FILLE.

Chantez, chantez, votre chant est si doux.
Ce ne sont point de ces chansons frivoles.

PRÉMIERE FILLE.

Chantez, chantez, nous dirons après vous,
Gentil refrain des dernières paroles.

ÉVODIE.

Vous le voulez?

PRÉMIERE FILLE.

Oui, chantez, chère soeur.

ÉVODIE.

Quand j'aurai dit toute une strophe entière....

PRÉMIERE FILLE.

Lors toutes trois, nous chanterons en choeur:
Mais vous, ma soeur, commencez la prémiere.

ÉVODIE. (*chante.*)

Qu'est devenu le petit vermisseau,
Plantes et fleurs qui fûtes son berceau?
Vous vous taisez, insensible nature!
Il étoit hier .... il n'est plus aujourd'hui!
Vous vous taisez, insensible nature.
Plantes et fleurs, vous n'êtes plus pour lui.

TOUTES TROIS. (*ensemble.*)

Vous vous taisez insensible nature!
Plantes et fleurs, vous n'êtes plus pour lui!

ÉVODIE, (*chante.*)

L'heure a sonné de sa courte existence,
Le petit ver descendit au tombeau.
Pareils un jour au faible vermisseau,
Autour de nous règnera le silence.

TOUTES TROIS.

Pareils un jour au faible vermisseau,
Autour de nous règnera le silence.

ÉVODIE. (*chante.*)

Ce jour viendra, mes aimables Enfans,
(Puisse pour vous ce jour tarder encore!)
Mais s'il venoit au milieu du printemps,
Lorsque la fleur a commencé d'éclore:
Saluez-le, c'est le jour du repos!
Dans son matin terminez vos travaux;
La nuit suivra qui n'aura plus d'Aurore.

TOUTES TROIS.

Saluons-le, c'est le jour du repos!
Dans son matin terminons nos travaux;
La nuit suivra qui n'aura plus d'Aurore.

ÉVODIE. (*sans chanter.*)

O cette nuit, c'est la plus belle nuit!

LES DEUX FILLES.

Chantez, chantez.

ÉVODIE.

Écoutez ce qui suit....

(*Elle chante.*)

Alors, alors, créature mortelle!
Vous dormirez votre dernier sommeil.
Le jour s'éteint... Ah! quel sombre appareil!
Vous descendez dans la nuit éternelle.

Le jour s'éteint,... Ah! quel sombre appareil!
Dormez, dormez votre dernier sommeil!

TOUTES TROIS.

Dormons, dormons notre dernier sommeil!

ÉVODIE (*chante.*)

L'heure a sonné de sa courte existence,
L'homme à son tour descendit au tombeau:
Autour de lui règne aussi le silence.

TOUTES TROIS.

Autour de lui règne aussi le silence.

ÉVODIE (*chante.*)

Jeunes enfans!
Qui dans les champs,
Et dans les bois contemplez la nature,
Vous avez vu ces insectes luisans:
Ces petits vèrs ramper sur la verdure.
Cherchez, cherchez, que sont-ils devenus?
Cherchez encor, vous ne les trouvez plus!

TOUTES TROIS.

Cherchons, cherchons, que sont-ils devenus?
Cherchons encor, nous ne les trouvons plus!

ÉVODIE (*seule,*)

Ce petit ver qui se trainoit n'aguere,
Image, hélas! de soucis et de pleurs!
Ne rampe plus, ne touche plus la terre;
Il a changé de figure et de moeurs.
Le voyez vous, dans sa course légère
Beau Papillon, voler de fleurs en fleurs;
De l'Arc-en-Ciel les brillantes couleurs,
Sont peintes sur ses aîles.
Beau Papillon, de tes beautés nouvelles,
Étale nous les trésors enchanteurs!
Nous saluons tes graces immortelles!

TOUTES TROIS.

Beau Papillon, de tes beautés nouvelles,

Etale nous les trésors enchanteurs !
Nous saluons tes graces immortelles!

ÉVODIE. (*chante*)

Du petit ver, ah! que le sort est beau!
Et que brillant il sort de son tombeau!
Oui, tel un jour mon ame délivrée,
Et pour le Ciel nouvellement parée,
Ira jouïr d'un spectacle nouveau:

TOUTES TROIS.

Oui, tel un jour notre ame délivrée
Et, pour le Ciel nouvellement parée,
Ira jouïr d'un spectacle nouveau!

ÉVODIE (*chante.*)

Ce qui dormoit dans la nuit du tombeau,
N'étoit qu'un peu d'argile colorée.
Mais vous, mon ame, à la fin épurée,
Voyez, voyez dans la voûte Ethérée,
Luire à jamais un éternel flambeau!

TOUTES TROIS.

Mais vous, mon ame, à la fin êpurée,
Voyez, voyez dans la voûte Ethérée,
Luire à jamais un éternel flambeau!

ÉVODIE (*sans chanter.*)

Ah! cheres soeurs répétons bien le reste,
Et, qu'à la fin notre sort sera beau!

(*elle chante.*)

Sommes-nous pas le petit vermisseau,
Nés pour former le Papillon céleste?

TOUTES TROIS.

Jeunes Enfans, que votre sort est beau!
N'êtes vous pas le petit vermisseau
Nès pour former le Papillon céleste?

ÉVODIE (*chante.*)

Dormons, dormons notre dernier sommeil;
Car vous veillez, ô mon ame immortelle!

Pour vous renaît une Aurore plus belle;
Pour vous renaît un plus brillant Soleil.
Chantez, chantez ce superbe réveil!
Le jour qui luit, c'est la VIE ÉTERNELLE!

TOUT LE CHOEUR.

Chantons, chantons, ce superbe réveil!
Le jour qui luit, c'est la VIE ÉTERNELLE!

No. 13. page 48, ligne 22.

Vois encor ce soleil terminant sa carrière,
....
De ses derniers regards saluer les montagnes,
Qui de Bethsaïda couronnent les campagnes.

Bethsaïde, nom d'une ville et d'un Désert, ou territoire adjacent, dans la Galilée.

La ville étoit située, dit-on, à l'endroit où le Jourdain se jette dans le Lac Tibériade, au Nord, à environ une ou deux lieues de la Montagne déserte. D'autres la placent, sans preuve suffisante, sur le rivage occidental. Philippe le Tétrarque, l'appela du nom de *Julia*, en l'honneur de la fille d'Auguste. S, Jean étoit de cet endroit; ainsi que Pierre, André, Jacques et Philippe, tous disciples de Jésus.

Fl. Joseph. de Bell. Jud. III. 18.

Vois leurs cimes encor, s'élèvant jusqu'aux Cieux,
De ce Père du jour recevoir les adieux;
Et puis, les répétant sous leurs grottes profondes,
Du Lac de Gennézar dorer encor les ondes.

Cette mer, connue maintenant sous le nom de Lac Tibériade, est souvent désignée par le nom de Gadara, de Kinroth, de Gennézareth ou de Gennézar, ou de Mer de Galilée. C'est un un Lac formé par le Jourdain qui le traverse. Pococke dit qu'il est en partie borné à l'est par une chaine de montagnes, et au Nord et au Sud par de vastes plaines. Sa longueur est de trois milles géographiques (de 15 au degré), et sa plus grande largeur n'est guere plus d'un mille. L'Eau en est bonne et douce, mais quelquefois un peu trouble.

Vid. Matthieu IV: 18. *ad* 22.
Marc. I: 16. *ad* 20. *Luc.* V: 10.
Fl. Joséph. Antiq. XIV: 10.
V. Les différens voyages en Syrie: Shaw, Maundrell, Volney etc.

No. 14. pag. 49, ligne 9.

.... *Ta mère Salomé* ......

Salomé, femme de Zébédée, et mère de Jacques le majeur et de Jean, le disciple bien-aimé. Ce fut elle, qui, toute pleine encore d'idées de grandeur mondaine, dit à Jésus, en lui montrant ses deux fils: „Ordonnez, Seigneur, que mes deux „ fils que voici soient assis dans votre Royaume, l'un à votre „ droite, et l'autre à votre gauche." Il est probable que la réponse de Jésus, et surtout le spectacle de sa vie, lui dessillèrent bientôt les yeux; du moins la voyons nous depuis écouter la doctrine du divin Maître, et l'accompagner au Calvaire avec les autres saintes femmes.

Vid. Matthieu XX: 20, 21 *etc.*
—— XXVII: 55 *et* 56.

No. 15. pag. 54, ligne 5.

Mais respecte toujours, des préceptes divins
Le prémier, d'où dépend le bonheur des humains,
Le plus foulé, souvent, de tous tant que nous sommes:
LA DOUCE CHARITÉ, *le seul lien des Hommes:*
ENTR'AIMEZ-VOUS L'UN L'AUTRE; *et, que dorénavant*
On connoisse les miens à ce pur sentiment.

„ Je vous laisse un commandement nouveau de vous aimer
„ les uns les autres, afin que vous vous entr'aimiez comme je
„ vous ai aimés. C'est en cela que tous connoitront que vous
„ êtes mes disciples, si vous avez de l'amour les uns pour
„ les autres."

Et encore:

„ Le commandement que je vous donne, est de vous aimer
„ les uns les autres comme je vous ai aimés. Personne ne
„ peut avoir un plus grand amour que de donner sa vie pour
„ ses amis."

Et encore un peu plus bas:

„ Ce que je vous commande est de vous aimer les uns les
„ autres."

Evang. de St. Jean. XIII: 34, 35.
XV: 12, 13 *et* 17.

C'est ce précepte du Divin Jésus, que de tous les disciples, St. Jean seul semble ne jamais avoir transgressé. Ses écrits en font foi. Toute l'Antiquité Chrétienne en convient: èt les deux anecdotes que nous avons annoncées en rendront témoignage ici. Voici la prémière:

„ St. JEAN prêchant à Éphèse, étoit parvenu à un âge si
„ avancé qu'il ne pouvoit presque plus parler. Il se faisoit
„ porter dans l'assemblée des fidèles, et n'y disoit plus que
„ ces mots: Mes chers Enfans, aimez vous les uns les au-
„ tres. Cette répétition continuelle des mêmes paroles ennuyant
„ les auditeurs, ils lui dirent: Maître, d'où vient que vous
„ nous répetez sans cesse la même chose? L'Apôtre leur ré-
„ pondit: Parce que tel est le commandement du Seigneur;
„ et que si quelqu'un l'observe, cela lui suffit."

V. S. Hieronym. ad Galat. VI.
1. *Epit. de St. Jean* III: 2.

Quelle condamnation de tant d'erreurs déplorables causées par le mépris de cette parole!

La seconde Anecdote est citée d'après *Clément d'Alexandrie par Eusèbe, au Chapitre 23e du IIIe livre de son Histoire de l'Eglise.* Elle se rapporte plus particulièrement aux paroles suivantes que je fais dire à Jésus:

Si des soins assidus, des paroles de paix,
Et le front d'un ami rappellent désormais
Cette ame, pour un temps, errante et vagabonde;
Elle est venue alors, en miracles féconde,
Cette heure du retour; et c'est la charité,
Qui fit renaître une ame à l'immortalité.

„ St. Jean, fesant la visite des Eglises, rencontra dans un „ endroit près d'Éphèse, un Jéune-Homme d'une figure agréa- „ ble, et qui montroit les plus heureuses dispositions. Il le „ présenta à l'Evêque du lieu, le recommandant à ses soins „ comme un dépôt qu'il lui confioit en présence de Jésus „ et de son Eglise. L'Evêque accepta la charge, prit le Jeune- „ Homme chez lui, l'instruisit et le fit baptiser. Il crut après „ cela pouvoir relâcher un peu de sa discipline, et finit par „ négliger enfin entièrement son Éléve. Celui-ci fesant un „ mauvais emploi de sa nouvelle liberté, se livra à des jeu- „ nes gens de son âge, adonnés à toutes sortes de vices, „ et qui par des débauches continuelles, l'entrainèrent, d'excès „ en excès, jusques sur les bords de l'abîme. Désespérant „ alors de pouvoir reculer, et se considérant comme tout-à- „ fait perdu, notre Jeune-Homme ne garda plus aucune me- „ sure; et ses compagnons et lui s'étant érigés en une troupe „ de brigands, il en fut fait le Chef, et se distingua bientôt „ de tous les autres, tant par son audace, que par son ex- „ trême cruauté. St. Jean, retournant au bout de quelque „ temps dans le même endroit, ne manqua pas, après avoir „ terminé ses affaires, de s'informer auprès de l'Evêque du „ dépôt qu'il lui avoit confié. Le vieillard surpris, et ne se „ rappelant point de ce dont il s'agissoit. „ Je vous parle,"

„ lui dit St. Jean, „ du jeune-homme que je vous ai laissé: „ „ c'est l'ame de mon frère que je vous redemande." Alors „ l'Evêque tout confus et baissant les yeux, répondit, qu'il „ étoit mort. „ Comment, dit St. Jean, et de quel genre de „ „ mort? Il est mort à Dieu, reprit l'autre: il est devenu „ „ un méchant, et au lieu d'appartenir à l'Eglise, il s'est „ „ enfui dans les montagnes, où il fait le métier de voleur „ „ et d'assassin." L'Apôtre, à cette nouvelle, déchire ses „ vêtemens, et déplorant d'avoir eu si mal placé sa confiance, „ demande qu'on lui amene un cheval et un guide, sort avec „ impétuosité de l'Eglise, et se rend en toute diligence au „ lieu qu'on lui avoit dit. Arrêté au prémier défilé par ceux „ des brigands qui y étoient postés en sentinelle, il ne leur „ demande point la vie, mais criant à haute voix que c'est à „ dessein qu'il est venu, il obtient de se faire conduire de- „ vant leur Capitaine, qui se tenoit tout armé à quelque dis- „ tance de là. Mais à peine ce dernier reconnoit-*il* St. Jean, „ qui s'avançoit vers lui, que, tout saisi de honte, il com- „ mence à prendre la fuite. L'apôtre, sans avoir égard à son „ grand âge (*), le suit d'aussi près que ses forces le lui „ permettent, et quand il voit qu'*il* ne peut plus l'atteindre, „ il lui adresse de loin ces paroles si charitables et si passion- „ nées: „ Pourquoi, ô mon Fils, mon cher Fils! pourquoi „ „ prends-tu la fuite devant ton père vieux, faible et sans „ „ armes? Aie, aie pitié de moi! Ne crains point; il reste „ „ encore quelque expérance de ton salût. Je veux intercéder „ „ pour toi auprès du Christ, et s'il est nécessaire je souf- „ „ frirai la mort pour toi, comme Jésus l'a soufferte pour

---

(*) A calculer d'après l'époque, dans laquelle Eusébe, ou Clément d'Alexandrie, place cette Anecdote, St. Jean auroit eu alors plus de quatre-vingt-dix ans. Des Commentateurs pour sauver la vraisemblance du fait, le reculent de vingt-ans, c'est-à-dire, qu'ils le font arriver avant l'exil de

„ „ nous tous. Oui, je donnerai ma vie pour racheter la „ „ tienne. Je demande seulement que tu t'arrêtes; car c'est „ „ le Christ qui m'envoie vers toi." A ces mots le Jeune- „ Homme s'arrête tout tremblant, puis jetant au loin ses ar- „ mes, et pleurant amérement, il s'élance au cou du Saint „ Vieillard avec toutes les marques du remords et de la dou- „ leur la plus sincère, ayant grand soin, remarque l'Histoire, „ de cacher sa main droite, comme souillée de tant de cri- „ mes. St. Jean, est-il dit ensuite, le reconduisit avec soi, „ et ne s'en sépara plus, qu'il ne l'eut, à force de remontran- „ ces, de conseils et de la plus tendre solicitude restitué à „ l'assemblée des fidèles, fesant voir ainsi, en sa propre per- „ sonne le parfait modèle de la Charité Chrétienne, et dans la „ personne du Jeune-Homme, un grand exemple de la véritable „ pénitence: une preuve illustre de la seconde régénération; „ et comme un trophée de la résurrection visible de son „ ame."

---

l'Apôtre dans l'île de Pathmos. Voilà, me dira-t-on, que l'Anecdote perd un des appuis de son authenticité. Et que m'importe ici l'appui chronologique! Plut au Ciel! que l'Histoire n'offrit jamais d'autre inconséquence. Quelle Histoire? l'Histoire, toute l'Histoire! Et depuis quand? Depuis qu'on l'écrit. Il n'y a donc pour vous aucune preuve historique incontestable? Je ne le crois pas. Dans aucun Livre? Non. Dans aucun? Non. Et vous citez des faits et des auteurs? Je les cite comme je les étudie. A savoir?.... D'après les Editions *cum notis perpetuis*. Et ces Notes qui les a redigées? Deux Commentateurs, dont jusqu'ici je n'ai pas à me plaindre: qui rarement m'ont égaré. Et on les appelle?.... La *Raison* et le *Coeur*. Et s'accordent-ils toujours dans le choix de ce qu'ils avancent? Grace au Ciel! presque toujours. Mais si parfois ils *dissentent?* Alors, investigateurs sincères et modestes, ils ne se disent jamais des injures; ils n'en disent pas non plus aux autres: ils en appellent tout simplement. Et à qui? A la Législatrice Souveraine, à laquelle ils soumettent toutes leurs recherches, toutes leurs décisions, en un mot, tout le but de leurs études. Et cette Arbitre qui juge en dernier ressort; cet Aréopage si absolu, vous le nommez?.... LA MORALITÉ.

Qu'ils ne t'égarent point. Crains d'avilir un être,
Que pour l'éternité l'Eternel a fait naître:
Crains d'étouffer en lui, le détournant du mal,
Le seul ressort du bien, le SENTIMENT MORAL.
Ah! si l'homme a cessé de s'estimer soi-même:
S'il est réduit, ô Ciel! à cet horrible extrême;
S'il se voit rebuté sans espoir, sans secours,
Tout est perdu..........

Cette terrible conclusion ne se sera malheureusement que trop de fois vérifiée. Si l'on pouvoit toujours remonter à la prémière source de bien des crimes qui se commettent, on trouveroit que c'est plus souvent qu'on ne pense, l'abandon, le mépris, l'arrogance d'un côté, et la honte, le découragement et la représaille, c'est-à-dire la pudeur enfin étouffée de l'autre coté, qui ont décidé du sort de la vie entière de beaucoup de criminels. Il ne seroit pas difficile d'en citer des exemples; et bien choisis, ils intéresseroient la morale.

...........Respecte donc toujours,
Jusques dans le pécheur, le sacré caractère,
La dignité de l'homme, et le titre de frère:
Voilà LA CHARITÉ.....

No. 16. pag. 54, lig. 18.

Sans elle, (la charité) *de l'erreur les funestes barrières*
Sépareroient toujours des nations entières;
Mais leur culte, leurs moeurs, leurs usages, leurs lois,
Tout cède, tout se tait à sa divine voix.

„ Et qui est mon Prochain?" C'est de cette manière qu'un Docteur de la Loi interrogea Jésus, qui venoit d'établir le précepte d'aimer son prochain.

„ Et Jésus, prenant la parole, lui dit: un Homme, qui des„ cendoit de Jérusalem à Jéricho, tomba entre les mains des

„ voleurs, qui le dépouillèrent, le couvrirent de plaies, et
„ s'en allèrent, le laissant à demi-mort." „ Il arriva ensuite
„ qu'un Prêtre descendoit par le même chemin, lequel l'ayant
„ apperçu passa outre." „ Un Lévite, qui vint aussi au mê-
„ me lieu, s'en étant approché, et l'ayant considéré, passa ou-
„ tre encore." „ Mais un Samaritain, passant son chemin, vint
„ à l'endroit où étoit cet Homme; et l'ayant vu il en fut tou-
„ ché de compassion:" „ Il s'approcha donc de lui, il versa
„ de l'huile et du vin dans ses plaies, et les banda: et l'ayant
„ mis sur son cheval il l'amena dans l'Hôtellerie, et eut grand
„ soin de lui." „ Le lendemain, en s'en allant, il tira deux
„ deniers, qu'il donna à l'Hôte, et lui dit: Ayez bien soin de
„ cet Homme; et tout ce que vous dépenserez de plus, je vous
„ le rendrai à mon retour." „ Lequel de ces trois vous sem-
„ ble-t-il avoir été le prochain de celui, qui tomba entre les
„ mains des voleurs?" „ Le Docteur lui répondit; Celui qui
„ a exercé la miséricorde envers lui. Allez donc, lui dit Jé-
„ sus, et faites de même." *S. Luc.* X: 29 *ad* 37.

Cette seule note vaut tout mon ouvrage. C'est une des plus belles et des plus profondes leçons qui soient sorties de la bouche du plus sublime des Moralistes, et du plus charitable des Amis des Hommes. — On ne sauroit assez la prêcher: et j'aime à retrouver l'esprit de cette parabole chez ce Philosophe païen (*), qui, dans une Lettre, parlant d'une personne persécutée pour fait de religion, s'exprime ainsi: „ Orion étoit „ mon Ami au temps de sa prospérité, et maintenant qu'il est „ persécuté et dans l'affliction je conserve les mêmes sentimens „ pour lui. S'il pense différemment que nous sur la Divinité, „ il se trompe lui-même, étant dans l'erreur, mais ce seroit „ une chose indigne que ses amis, que des hommes le regar- „ dassent comme leur ennemi."

(*) Libanius, vers l'an 390 après J. C.

No. 17. pag. 57, ligne 18.

L'idée, qu'il en est de ces hommes flétris,
Qui semblent de l'humain n'avoir que la figure.

Du nombre des scènes d'abord composées pour trouver leur place dans le Drame, et qu'un changement de plan m'a fait élaguer, est la scène suivante, qu'il me prend quelquefois envie de rétablir en donnant la pièce entière. Je ne promets cependant rien: mais comme ce qui existe déjà de ce morceau ne me paroit pas tout-à-fait indigne d'être conservé d'une manière ou d'autre, je le donne ici en forme de dernière note. La Scène se passe entre Jésus et un de ces Hommes perdus, qui, à cette époque infestoient la Judée (*), et ce brigand qu'on voyoit au premier acte vouloir attenter à la vie de Caïphas, je le supposois ici avoir été pris les armes à la main, et venir d'être jeté mortellement blessé dans la même prison avec Jésus. J'appelle ce malheureux du nom de Dimas, Kèdar ou Mathas, qui est un des six ou sept noms, que d'anciens Evangiles et autres monumens, donnent à l'un des deux brigands crucifiés avec Jésus (†).

SCÈNE ENTRE JÉSUS ET LE BRIGAND KÈDAR.

UN PRÊTRE *ou* LÉVITE *accompagne les Soldats qui conduisent Kèdar. Il ordonne de le lier ou de l'attacher à une colonne ou mur de la Prison. Deux Soldats exécutent cet ordre. Puis le Prêtre détachant un bandeau, que, pour l'empêcher de crier, Kèdar avoit sur la bouche, il lui dit avec ironie:*

Va, bénis maintenant le jour de ta naissance!

(*) *V. Flav. Joseph. Antiq. Jud Lib.* XVII. *cap* 12.

(†) *V. Evangile de Nicodème. Chap.* X. XI *et* XXVI. *et celui de l'Enfance. Chap.* XXIII.

(*Se tournant vers Jésus.*)

Et toi, si tu te plains de rester sans amis,
Vois ceux où ton espoir enfin s'étoit remis :
Embrasse un compagnon de révolte et de crime.

KÈDAR. (*d'une voix étouffée.*)

Barbare !

LE PRÊTRE. Et te plains-tu! sur les bords de l'abîme
Demande qu'il te sauve. A l'en croire, aujourd'hui
Il se sauve, il l'a dit ; qu'il te sauve avec lui !

KÈDAR. (*lui montrant la main qu'il vient de tremper dans le sang de ses blessures.*)

Viens tigre, bois ce sang! Ah! que le tien de même
Se glace sur ton coeur !

LE PRÊTRE. L'injure et le blasphême
Sont l'arme qui te reste au-défaut de ton bras.
On s'en rit.

KÈDAR. Satellite, ou fils de Caïphas,
Tu ris, tu ris!.....

LE PRÊTRE. Sans doute, ... et de ton impuissance:

(*à Jésus.*)

Et toi, son compagnon, tu gardes le silence:
N'oses-tu, comme lui, me maudire à ton tour?

JÉSUS. (*avec toute la dignité d'un Jésus.*)

Égaré, malheureux! qui te ris de ce jour!
Crains plutôt que ton coeur, revenant de sa rage,
Ne crée un ver rongeur de la sanglante image
Qui te suivra par tout..... Ah! viens-tu dans ce lieu
Livrer au désespoir un Enfant de ton Dieu?
Toi, ministre de paix!.....

LE PRÊTRE. (*s'en allant avec la troupe.*)

Près de l'heure fatale,
A ce cher assassin explique ta morale:
Il en profitera.......... (*ils sortent.*)

JÉSUS. O Ciel! O juste Ciel!
Sont-ce là les pasteurs du peuple d'Israël?

Est-ce de telles mains qu'il attend son remède?

(*se tournant vers Kèdar.*)

Infortuné !

KÈDAR.... Seigneur ! Ah! Jésus! aide, aide!

Je me meurs!... Que ta voix appaise ma douleur!

JÉSUS. (*s'approchant de lui, et lui soutenant la tête.*)

Que la paix de mon Dieu descende dans ton coeur!

(*voyant sa blessure.*)

De ces temps malheureux déplorable victime,

Qui t'a porté ces coups?

KÈDAR. Les ministres du crime.

JÉSUS. (*metant sa main sur la blessure.*)

Et comment arrêter la plaie de ce flanc?

KÈDAR. Que ne puis-je vomir mon ame avec ce sang?

Faut-il voir triompher!... Toute espérance est morte:

Nous périssons tous deux... ton ennemi l'emporte!

JÉSUS. Mon ennemi ! lequel ?

KÈDAR. Ton Ennemi! lequel?

Le tigre, le vautour, l'exécrable mortel,

A l'égal de son Dieu, vindicatif, barbare:

Caïphas!

JÉSUS. Ah! quel nom!

KÈDAR. En est-il qui sépare

Plus loin de toi le crime?...

Ah!... J'étouffe, je meurs!.... (*se démenant.*)

JÉSUS. (*ayant pris un vase, où il y a de l'eau, et la lui approchant de la bouche.*)

Viens, prends infortuné... viens essuie ces pleurs!

Viens, avale cette eau... que ta lèvre brulante

Se rafraichisse encor.... (*à part*) Quel transport le tourmente!

KÈDAR. (*ayant bu avidément.*)

Ah! je respire encor... Ah! je ne souffre plus!...

Seigneur! Seigneur Jésus! oui, toi seul es Jésus!

JÉSUS. Tu me connois?

KÈDAR. Jésus! quel autre pourroit être

Encor humain ici ? ... Depuis quand vit-on naître
Autre que des tyrans dans ces funestes lieux ?
Toi seul, toi seul, Seigneur, porte écrit dans tes yeux,
Sur ton front le salut des mortels... ah ! sans doute,
C'est encore ta main qui sauva sur la route,
Cet Homme. qu'à la mort avoit voué ce bras.....

JÉSUS. Juste Ciel !

KÉDAR. Son démon me poussoit sur ses pas...

JÉSUS. Que dis-tu malheureux ?

KÉDAR. Descendant dans la plaine
Qui de Jérusalem.....

JÉSUS. Arrête.

KÉDAR. Vois la haine
Qui m'arme contre l'Homme ! Un voyageur passoit,
Ma main toucha son sang.

JÉSUS. Mort, cache ce secret !

KÉDAR. Non, l'homme vit encor.. oui, ta main sécourable,
Ou celle d'un des tiens, sauva ce misérable,
Qu'à la mort, après moi, deux tigres plus cruels
Dévouoient....

JÉSUS. O grand Dieu ! Sont-ce là les mortels !
Pensers éloignez vous ! .. (*à Kédar*) Tous les trois ?.. quelle rage !

KÉDAR. Si je portai les coups, ah ! du moins mon visage
N'osa fixer le sien. Mais ces monstres tous deux
Prirent plaisir encor à repaître leurs yeux
De son sang..

JÉSUS. Et c'étoient ?..

KÉDAR. Méconnois-tu ces êtres ?
Ce trait, crie-t-il pas ?.. Ce sont, ce sont deux prêtres ! (*)
Depuis quand dans leur sein seroit la charité ?

(*) V. Luc. X : 31, 32. et la Note No. 16.

JÉSUS. Leur crime excuse-t-il dans toi ta cruauté?

KÈDAR. Qui m'eut donné du pain?

JÉSUS. Depuis quand la misère
Cherche-t-elle ce pain dans le sang de son frère?
Le paîtrit-on de sang?

KÈDAR. Non, mais l'inique sort
Par un crime souvent nous arrache à la mort,
J'allois périr de faim.

JÉSUS. Mais, recourir au crime?..
L'Homme n'a-t-il donc plus son travail légitime?
Ou la pitié des coeurs au-défaut de ses mains?

KÈDAR. Amollir des cailloux!

JÉSUS. Quels cailloux?

KÈDAR. Les Humains.

JÉSUS. Quelle fureur contr'eux jour et nuit te dévore?

KÈDAR. Persécuté, Seigneur, tu demandes encore?

JÉSUS. En dois-je chérir moins, en l'état où je suis,
Des êtres égarés.

KÈDAR. Et moi, je les maudis!

JÉSUS. Aucun lien jamais ne t'unit à ton frère;
A l'Homme?...

KÈDAR. O Souvenir!.... Je fus, oui, je fus père;
Je fus père deux fois!

JÉSUS. Et tes Enfans?

KÈDAR. Ils sont....
Ils sont,... que dire?... lis, lis leur sort sur mon front.
Mort! tranche aussi leurs jours!

JÉSUS. Ainsi donc l'infamie,
Ce fruit de tes erreurs poursuit aussi leur vie!
Quelle existence, ô Ciel!

KÈDAR. Qu'ils maudissent tous deux
Leur père, leur naissance!..

JÉSUS. Arrête, malheureux!
Respecte encore en toi ce sacré caractère;
Respecte ces liens.... et que devint leur mère?

KÈDAR. *(avec un cri, en s'arrachant le linge qui couvroit sa blessure, et le sang recommence à couler.)*

Qui! leur mère? elle! qui?... vois, vois ce sang, Seigneur!
Il n'auroit dû couler que par ce bras vengeur,
Confondu dans celui du tigre impitoyable,
Du serpent Caïphas.. (*).. Souvenir exécrable!
Dans un sein innocent ce monstre fit plonger
Cette main...

JÉSUS. Il suffit!.....

KÈDAR. Et j'allois me venger:
Son sang alloit payer pour toutes mes victimes.

JÉSUS. Son sang! et de quel droit?

KÈDAR. De celui que ses crimes
Me donnoit..

JÉSUS. Les juger! devant quel Tribunal?

KÈDAR. Devant celui d'un coeur qui crie: „Rends le mal
„ Pour le mal qu'on t'a fait!"

JÉSUS. O coupable sentence!
Le juge des forfaits sera donc la vengeance!
Offenseur, offensé, bourreau tout à la fois,
Est-ce au coeur ulceré d'interprêter les lois?
D'agir à leur défaut?.... La victime échappée,
Va se venger aussi du bras qui l'a frappée.

KÈDAR. Pourrisse jusqu'aux os ce bras mal affermi!
L'Enfer a protegé ce qu'il avoit vomi.

JÉSUS. Et qui vomit dans toi cette implacable haine?

KÈDAR. Le souffle d'un Tyran; son impudique haleine.

JÉSUS. Et quand même il se pût qu'un instant dans ton coeur,
Cette contagion répandit sa fureur,

(*) Au prémier acte j'avois supposé que Caïphas, ayant voulu séduire la femme de ce Kèdar; celui ci, la croyent impudique, lui avoit enfoncé un poignard dans le sein.

Failloit-il, que, par elle empestée et vaincue,
Ta volonté cédât au crime qui la tue?

KÈDAR. Jésus ignore-t-il, ignore-t-il encor,
Que Kédar vit le jour dans les murs de Ségor? (*)
Et que le vase impur du gouffre de Sodome,
Fut la boue, où le sort imprima le nom d'homme?
Cette boue, c'est moi! .....

JÉSUS. O Cieux! ô justes Cieux!
Quel langage, ô Kédar!.. Et qu'importent les lieux,
La matière, le temps, et la cause de l'être?
L'Homme en est-il moins libre, et moins son propre maître?
En peut-il moins choisir et le bien ou le mal?
Et la vie ou la mort?..... Tout mortel est égal:
A tous devant leurs pieds Dieu plaça sa lumière.

KÈDAR. Un Dieu! quel Dieu?.. s'il est, une vile poussière
L'occupe-t-il?

JÉSUS. Ce Père a soin de ses enfans.
Ce Dieu t'appelle encor, il t'appela longtemps;
Mais sourd à cette voix tu t'es perdu toi-même.

KÈDAR. Ce Dieu qui me maudit!

JÉSUS. N'unis point le blasphème
Au criminel penchant qui te porte à mentir
A cette sainte voix.

KÈDAR. Me faut-il donc bénir
Ce Dieu, qui jusqu'ici voulut que l'innocence
Seule éprouvât les coups que porta ma vengeance?

JÉSUS. Libre, c'étoit à toi de retenir ton bras.

KÈDAR. Libre, j'allois verser le sang de Caïphas.
Mais si libre, d'où vient que toujours pour victime,
J'immolai l'innocence, et je manquai le crime?

(*) Ségor, ville sur le bord méridional du Lac Asphaltite, ou Mer morte.

Quelle est la liberté que je n'exerce pas?

JÉSUS. Est-il de liberté sans livrer des combats?

KÈDAR. Quels combats?

JÉSUS. Le combat qui brise l'esclavage,
Où nous courbent nos sens... Ah! Kèdar, ce langage,
Il est nouveau pour toi... je le crains..

KÈDAR. Que crains-tu?

JÉSUS. Hélas! que dès-longtems sous le joug abbattu,
Pour le rompre ta main ne soit pas assez forte;
Et que dans ses efforts ta volonté n'avorte.

KÈDAR. Elle avorta toujours de ses desseins conçus!
Tu dis bien.... désormais puis-je en attendre plus?
Puis-je espérer encor qu'enfin mieux obéie,
Ma volonté triomphe et ne soit plus trahie?
Que pretends-tu, jésus? Quel seroit ce grand bien?
Non, non, Caïphas vit.... Volonté tu n'es rien!

JÉSUS. Infortuné Kèdar! aveuglé par ta haine,
Tu ne vois pas sur toi s'appesantir la chaine
Qui s'en va t'écraser. — Ose faire un effort:
Viens, secoue ce poids......

KÈDAR. Le secoue la mort!

JÉSUS. Abandonner ce soin à ce moment extrême!
Ah! Kèdar, ne sois plus barbare envers toi-même!
L'Heure vient; elle approche, où toutes tes fureurs,
Commises d'un oeil sec te vont couter des pleurs;
Oui, des torrents de pleurs.

KÈDAR. Oui, des larmes de rage!

JÉSUS. Et ces larmes, Kèdar, seront ton propre ouvrage;
Pussent-elles du moins, dans son reduit obscur,
Fendre, amollir, creuser ce coeur devenu dur!
Mais telle, hélas! qu'une eau pouvant sauver un arbre,
Le laisse dessécher, et coule sur un marbre,
Tel, ces larmes, Dieu sait, se répandront sans fruit!

KÈDAR. Je n'en répandrai plus dans l'éternelle nuit.

JÉSUS. Passé le terme ici d'une horrible existence,
S'il n'étoit plus de pleurs, sais-tu dans ce silence
Ce qui se passera ? — Réponds, que dit ton cœur ?
Que dit-il ? — Sonde-le.

KÈDAR. A soi-même en horreur,
Peut-il se regarder ?

(*Montrant à Jésus ses membres couverts et souillés d'un sang coagulé.*)

Vois, sur ce corps livide,
Ce sang âtre et glacé..... Mille fois plus fétide
Est la gangrène encor, dont ce coeur ulceré
Se sent, en pourrissant, jour et nuit dechiré.

(*retombant.*)

Ah! quelle main guérit cette plaie incurable?

JÉSUS. Nulle autre que la tienne est la main secourable.
Toi seul tu sens ta plaie, et seul dois la sonder;
Mais il est un ami qui te veut seconder.

KÈDAR. Sois cet ami, Seigneur!

JÉSUS. Mais si toujours rebelle,
Tu le fermes, ce coeur, à la voix paternelle,
A cette sainte voix qui veut s'y faire ouir;
Que pourrai-je moi seul?

KÈDAR. Laisse-moi donc mourir!

JÉSUS. Donne une autre réponse.
Je veux que sur ton coeur, ton propre coeur prononce;
Écoute son arrêt.

KÈDAR. Aux plus affreux tourmens,
Ce coeur s'est condamné depuis plus de vingt-ans.

JÉSUS. Mais ce coeur à la fois le coupable et le juge,
Contre son propre arrêt où sera son refuge?
Quel sera son espoir?

KÈDAR. Le seul qui nous attend
A l'heure de la mort.

JÉSUS. Nomme-le?

KÈDAR. Le néant.

JÉSUS. Non, Kèdar! non, Kèdar! cette voix qui te crie
Jamais n'a prononcé cette parole impie;
Écoute, écoute mieux.... Écoute dans ce lieu!

(Il lui met le doigt sur le coeur.)

Le néant n'est point fait pour les enfans de Dieu:
Ce Dieu ne peut vouloir une mort éternelle.
Écoute, écoute mieux.... Ah! ne sois plus rebelle!
L'heure vient.... elle est là....

(Contemplant Kèdar, qui perd de plus en plus ses forces.)

Déjà le Tribunal
Se dresse, je le vois....

(Le regardant attentivement.)

Cet oeil est le signal
De son dernier arrêt.

KÈDAR. *(d'une voix qui s'affaiblit.)*
Oui, ma vie s'échappe.........

(Il prend la main à Jésus, et se la pose sur le coeur.)

Sens-tu ce battement?.... Est-ce la mort qui frappe?
Elle double ses coups!.... Mille et mille à la fois!
Encor, encor.. Jésus!.. Quel murmure! ... Une voix!.....
Elle appelle Kèdar!.

JÉSUS. Dieu! quel instant horrible!

(à Kèdar.)

Que te dit cette voix?

KÈDAR. *(d'une voix rauque et étouffée.)*
Creuse, inintelligible,
Elle roule des sons d'un langage inoui....
D'où pars-tu voix?... Réponds... Que veux-tu?.. Me voici!
L'orage gronde-t-il!

JÉSUS. Ah! fut-ce ce Tonnerre!
Ce foudre trop tardif qui fend les coeurs de pierre!
Que, secouant le tien sur les bords du tombeau;
Le livrant aux douleurs d'un travail tout nouveau,
Ce coeur.... ce coeur, Kédar! tout prêt à se dissoudre
T'enfantât à la vie en bénissant ce foudre!....
. . . .
. . . . .

Jusque-là pour le moment cette scène.

FIN DES NOTES.

Le Lecteur suppléera lui-même aux moindres fautes d'Orthographe et de Ponctuation, échappées à l'oeil durant l'impression. Je n'ajoute ici que deux ou trois Remarques et Corrections essentielles.

REMARQUE SUR LE TITRE.

L'Epigraphe du Titre est empruntée de *la Divina Comedia di Dante Alighieri*, troisième partie, intitulée DEL PARADISO. Le Poëte, transporté en vision au Ciel, y croit entendre une voix, qui lui dit, parlant du nom de Jésus:

Lo nome di colui, che'n terra addusse
La verità che tanto ci sublima.

Le second de ces deux vers a une force d'expression en italien, qu'il me semble impossible de jamais rendre en français, à cause du verbe *sublimare*, qui n'a point d'équivalent en cette langue. Le sens, suivant moi, seroit:

Le nom de celui, qui apporta sur la terre la vérité qui nous ennoblit, nous élève tant; qui nous rend, pour ainsi dire, participans de la Nature Divine.

REMARQUES SUR LE TEXTE.

Page 7, *ligne* 14. N'entends-je *pas* sa voix etc.
Lisez: N'entends-je point sa voix etc.
Page 14, *ligne* 7. *Après le mot* forfaits *placez une virgule.*
Page 15, *ligne* 3. „La troupe des vertus *orneront* ta couronne."
Le mot troupe *est pris ici collectivement.*

Page 17, *ligne* 7. Vuide *lisez* Vide.

Page 23, *ligne* 14. Sauve ton ame, *Ami!*
Lisez: Sauve ton ame encor!

Page 32, *ligne* 6. } „ Il est juste ce Dieu. *Ah!* justice barbare!"
Page 50, *ligne* 6. } „ Son frère, son ami... *à* ces mots à ta mère."
Voilà deux vers, où je me suis permis le Hiatus,
dont j'ai parlé à la petite Note, pag. 18.

REMARQUES SUR LES NOTES.

Page 88, *ligne* 18. Viens, me dit-il, m'amie,
Lisez: Venez, dit-il, m'amie,
Si ce mot m'amie *paroissoit ne pas convenir ici, on peut changer ainsi:*

.... Venez, *chere Evodie*,
Votre père est malade; il souffre des douleurs:
Son état chaque instant *vous* arrache des pleurs;
Mais il peut espérer une meilleure vie:
Et, si malgré nos soins; si malgré tous nos voeux,
La mort nous l'enlevoit, il seroit plus heureux.

Même page. Après la petite note sur Évodie, *effacez:* Epitr. aux Philip. IV: 2.
Citation qui s'étoit glissée dans le Texte, et qui n'a rien de commun avec mon Évodie.

Page 107, *ligne* 16. Mort cache ce *secret!*
Lisez: Mort cache ce forfait!

Page 110, *ligne* 5.
Et que *le vase* impur du gouffre de Sodôme.
peut-on faire avec un ancien auteur Vase (*Limus*) *du genre masculin? sinon, lisez:*
Et que *la vase* impure où s'engouffra Sodôme.

www.ingramcontent.com/pod-product-compliance
Ingram Content Group UK Ltd.
Pitfield, Milton Keynes, MK11 3LW, UK
UKHW021058260726
13994UKWH00002B/573

9 782329 454511